베드로에게 무슨 일이?
모든 것이 끝난 뒤

작은
소리

작은소리는 하나님께서 엘리야 선지자에게 들려주신 세미한 음성을 상징합니다. 좌절하고 낙심했던 엘리야는 하나님의 작은 소리로 새 힘을 얻었습니다. 성경을 통해 이 시대를 향한 하나님의 세미한 음성을 전달하는 사명으로 출판 사역을 합니다. 도서출판 작은소리는 이 시대를 사는 사람들의 '하나님 깨닫기'를 돕고자 합니다. 작은 소리가 삶을 흔드는 큰 소리가 되기를 소망합니다.

베드로에게 무슨 일이?

모든 것이 끝난 뒤

이문장 지음

목차

'베드로에게 무슨 일이'. 손진. 2021

들어가는 글

베드로는 예수님의 제자들 중 대표입니다. 초대교회에 중심적 역할을 했습니다. 당시 유대교 안에도 엄청나게 똑똑하고 실력이 탁월한 인재들이 즐비했을 것인데 갈릴리 어부 출신이 하나님 나라에 큰 인물로 쓰임을 받았습니다.

예수님은 갈릴리 해변으로 찾아가셔서 베드로를 부르셨습니다. 그리고 삼 년 동안 함께 데리고 다니시면서 제자로 훈련을 시키셨습니다.

그러나 예수님을 따라 다닌 삼 년 동안 베드로는 지속적으로 실패했습니다. 예수님이 기대하신 수준의 제자가 되지 못했습니다.

대제사장의 집 뜰에서는 예수님을 세 번씩이나 부인하는 어처구니없는 모습을 보였습니다. '나는 예수의 제자가 아닙니다'라고 선언합니다.

　그랬던 베드로가 초대교회의 가장 중요한 영적 지도자로 변화되었습니다.

　예수님이 이 세상에 계시는 동안 베드로는 예수님과 동행하지 못했습니다. 그러나 예수님이 이 세상을 떠나 하늘나라로 올라가신 후에는 예수님과 동행하는 사람이 되었습니다.

　온 천하를 복음으로 뒤집어엎는 맹렬한 믿음의 사람이 되었고 예수님의 증인으로 한 평생 살았습니다.

　본서를 통해 우리는 베드로가 변화되는 과정을 보게 될 것입니다. 베드로의 열정과 좌절과 실패, 그리고 예수님의 사람으로 변화되는 과정이 오늘 우리에게도 큰 깨달음과 영적인 유익이 될 것으로 기대합니다.

2021년 8월
이문장 목사

Part 1

베드로는
예수님과 함께 있지 않았다

이렇게 시작되었다

베드로를 부르셨다

예수님이 갈릴리 해변에서 베드로를 부르셨다.

베드로의 삶에 새로운 지평이 열렸다.

예수님이 베드로에게 찾아오신 것은 당시 시대 상황에서 대단한 파격이었다. 선생이 제자 후보자를 직접 찾아가신 것도 그렇고, 어부를 제자로 부르신 것도 평범한 일이 아니었다.

갈릴리 해변에 다니시다가
두 형제 곧 베드로라 하는 시몬과 그의 형제 안드레가
바다에 그물 던지는 것을 보시니
그들은 어부라 마 4:18

베드로는 이미 예수님을 만났고 예수님을 알고 있었다.

베드로의 동생 안드레는 세례 요한의 제자였다. 세례 요한은 예수님이 오실 메시아요 '하나님의 어린 양'이라고 선포했다. 안드레와 다른 제자 한 명을 예수님께 보내어 따르도록 했다. "두 제자가 세례 요한의 말을 듣고 예수를 따르거늘"(요1:37).

예수님을 찾아가 대화를 나눈 안드레는 예수님이 오실 메시아라고 확신했다. 그리고 곧장 형 시몬을 찾았다. 그리고 "우리가 메시아를 만났다"(요1:41)고 흥분하여 시몬을 예수님께 데리고 갔다.

예수님은 베드로를 보시고 '요한의 아들 시몬'이라고 먼저 알아보셨다. 안드레가 형을 소개도 하기 전에 아버지의 이름이 요한이라는 것과 그의 이름이 시몬이란 것을 먼저 말씀하셨다. 베드로는 예수님의 신적 능력에 깜짝 놀랐을 것이다. '과연 이 분이 안드레가 말한 것처럼 메시아가 맞는 것 같다'는 생각을 했을 것이다.

시몬의 이름을 알고 계셨을 뿐 아니라 예수님은 시몬의 이름을 게바(베드로)로 개명해 주셨다. 예수님의 권위에 다시 한 번 놀라고 큰 감명을 받았음에 틀림없다.

그런데 예수님을 만난 후 베드로와 안드레가 어부로서 생업에 되돌아와 있었다. 예수님과 헤어진 이후 예수님이 큰 능력을 행사하고 병자들을 고치고 귀신을 쫓아내신다는 소문이 베드로에게 들려왔다.

어느 날 이른 아침 예수님이 갈릴리 해변으로 찾아 오셨다. 많은 무리가 예수님을 따라왔다. 그 전날 베드로는 밤을 새워 고기잡이를 했으나 한 마리도 못잡고 그물을 씻고 있던 상황이었다.

예수님이 베드로의 배에 오르셔서 무리에게 말씀을 전하셨다. 말씀을 마치신 후 베드로에게 깊은데로 가서 그물을 내리라고 분부하셨다.

베드로가 예수님의 말씀에 순종하였다. "선생님 말씀에 의지하여 그물을 내리리이다"(눅5:5). 아무런 불평도 반박도 하지 않았다. 깨끗이 씻어놓은 그물을 다시 챙겨 바다로 들어가 분부하신 대로 깊은 곳에 그물을 내렸다. 그러자 그물이 찢어질 정도로 심히 많은 고기가 잡혔다.

그 때 예수님이 베드로를 제자로 불러주셨다.

자격이 없는 자였다

예수님이 베드로를 부르셨을 때 그는 어부였다. 제자훈련을 마쳤거나 그런 과정을 밟고 있던 상태도 아니었다. 제자로서 자격을 갖추지 못한 사람이었다.

오늘 우리 시대의 언어로 표현하면 교회에 안 다니는 사람을 제자로 부르신 것이다. 교회 다니는 사람들 가운데 뽑으신 것이 아니고, 교회 안 다니는 사람을 제자로 부르신 것이다.

예수님은 왜 아무런 준비나 훈련도 없었던 베드로를 부르셨을까?

어부들은 회당 예배에도 제대로 참석하지 못하는 사람들이었다. 율법을 지키지 못하고 또 직업상 지키기도 수월치 않은 그런 부류의 사람들이었다.

새 술은 새 부대에 담으시려는 예수님의 파격이 엿보인다. 기상천외한 선택을 하셨다. 새 역사가 시작되는 긴장을 느끼게 한다.

예수님이 부르신 목적은

예수님이 베드로를 제자로 부르신 목적은 무엇이었나?
예수님은 베드로를 사람을 낚는 어부로 만들어주시려고
부르셨다.

나를 따라오라
내가 너희를 사람을 낚는 어부가 되게 하리라 마 4:19

예수님은 따르는 무리 가운데 열 두 명을 특별히 따로 세
우셨다. 열 두 제자를 선택하신 목적을 이렇게 밝혀주셨다.

또 산에 오르사
자기가 원하는 자들을 부르시니 나아온지라
이에 열둘을 세우셨으니
이는 자기와 함께 있게 하시고 막 3:14

사람을 낚는 어부가 되는 일은 예수님과 함께 있는 것을
통해 가능해진다.
육체적으로 함께 지내는 것만 말하지 않는다. 예수님 곁

에 있으면서 식사를 같이 하고 사역의 현장에서 예수님의 수발을 드는 일도 포함되지만, 그것이 전부가 아니었다.

예수님과 함께 있는 것은 예수님을 알고 예수님이 하고자 하시는 일에 동참하는 것이다. 결국 예수님의 증인이 되는 것이다. 이것이 불러주시고 함께 있도록 하신 목적이었다.

예수님이 열 두 제자를 따로 세우신 것은 영적 이스라엘을 건설하는 의미를 가진다. 유대인들에게 숫자 12는 이스라엘을 상징한다. 열 두 제자를 부르신 것은 새 이스라엘의 탄생을 상징한다. 예수님은 열 두 명의 제자를 중심으로 하나님의 백성을 모으고 예수님의 제자 공동체요 영적 이스라엘을 세우기 원하셨다.

가자! 이스라엘의 독립으로

예수님을 따라 나서다

베드로의 인생에 큰 전환점이 찾아왔다.

예수님은 잠시 시간 좀 내달라고 베드로를 부르신 것이 아니었다. 베드로와 대화를 갖자고 제의하신 것이 아니었다. 베드로는 '나를 따르라'는 예수님의 부르심이 무슨 뜻인지 나름대로 이해하고 있었다.

지금 예수님을 따라 갈 것인가, 아니면 예수님의 부르심을 무시하고 계속 어부로 살 것인가, 앞으로 인생의 향배를 결정해야 하는 그런 선택의 순간이 찾아왔다. 그런 실존적인 선택의 순간에 베드로는 즉시 예수님을 따르기로 결정했다. "사람을 낚는 어부가 되게 하겠다"는 예수님의 이해하기 힘든 말씀에도 무슨 뜻이냐고 질문하지도 않았다.

니고데모에게 '사람이 다시 태어나야 한다'고 하셨던 것처럼 예수님의 말씀은 상식적이지도 않고 이해하기도 어려운 그런 내용이다. 그러나 예수님의 말씀에 베드로는 아무런 질문도 하지 않았다.

이스라엘의 독립을 위하여

예수님의 부르심에 즉각 반응한 것이 기이하다. 베드로는 그런 무거운 결정을 어떻게 그리 쉽게 내릴 수 있었을까?

베드로는 예수님이 이스라엘 회복을 위해 자신을 부르신 것으로 이해했고 투신하기로 결정했던 것이다. 예수님과 함께라면 민족의 염원인 로마 식민 지배로부터 해방을 쟁취할 수 있다고 생각했을 것이다. 그리고 예수님을 도와 기필코 독립을 이루겠다고 결단한 것이다. 그래서 예수님을 따랐다.

베드로는 예수님이 메시아라고 생각했다. 예수님 같은 능력의 소유자라면 충분히 이스라엘의 독립을 쟁취할 수 있겠다는 기대와 열망을 품었던 것 같다.

당시 로마 제국의 식민 정부에 빌붙어 잘 먹고 잘 사는 일부 종교 지도자들이나 통치자들을 제외하고, 이스라엘 백성은 누구나 독립을 향한 열정과 목마름이 있었다.

일제강점기에 이 땅에 살았던 한민족 누구나 조국의 독립이라는 강렬한 열망을 품고 살았던 것과 같다.

베드로 역시 그 시대의 아픔을 뼈저리게 느끼고 있었고 이스라엘 독립을 향한 목마름이 있었던 것이다.

우리나라의 독립을 위해서라면
이 한 목숨 기꺼이 바치겠노라

베드로에게 이런 열망과 결심이 있었다.

예수님의 부르심에 헌신한 베드로의 결심은 진심이었다. 시대의 숙원인 이스라엘의 독립을 위해 하나님이 보내신 메시아 예수님을 도와 목숨도 바치겠다는 결사각오의 마음으로 예수님을 따라 나섰다.

결국 베드로는 이스라엘 독립에 헌신했던 것이었지 예수님께 헌신한 것은 아니었다. 자신의 기대와 열망을 이루실 분으로 확신했기에 예수님을 따르고 목숨까지 희생

할 각오를 했던 것뿐이었다. 이스라엘 독립에 대한 기대가 채워지지 않는 순간 예수님을 버리고 떠날 가능성은 항상 존재했다.

예수님을 따라 나섰던 무리들 대부분이 중도에 예수님을 버리고 떠났던 것도 같은 이유다. "그 때부터 그의 제자 중에서 많은 사람이 떠나가고 다시 그와 함께 다니지 아니하더라"(요6:66).

사람을 낚는 어부로 만들어 주겠다는 예수님의 말씀도 달리 이해되었을 것이다. 사람을 낚는다는 말씀은 사람들을 모아 독립운동의 발판을 구축하도록 하겠다는 취지로 이해되지 않았을까 싶다.

이후 삼 년 동안 예수님을 따라다닌 베드로가 예수님의 부르심의 목적에 계속 실패하는 모습을 통해 이러한 사실이 확인되고 있다. 베드로의 실패는 어쩌면 당연한 일이었는지 모른다.

이스라엘 독립을 향한 베드로의 기대와 열망은 예수님의 승천 직전까지 이어졌다. 그때까지도 베드로는 이스라엘 독립을 포기한 적이 없었다. 제자들이 예수님께 던진 마지막 질문이었다.

주께서 이스라엘 나라를 회복하심이 이 때니이까 행 1:6

베드로의 손익계산서

베드로가 예수님을 따름에는 손익계산서가 있었다.

잠시 버리고 떠나야 하는 것과 떠남 이후에 얻을 것 사이에 손익계산서가 있었다. 손익계산서 상에 이득이 남을 때 떠남을 결행한다. 본토 친척 아버지의 집을 떠나서 얻는 것이 떠남으로 인해 잃고 희생해야 하는 것보다 더 크다고 생각될 때 결행한다.

이런 개인적인 손익계산서에서 잃는 것이 더 크게 보였다면 베드로는 예수님을 따르지 못했을 것이다.

손익계산서에 손실이 더 크게 생각되어 예수님을 따르지 못한 경우가 있었다.

어느 날 한 젊은 청년이 예수님을 찾아와서 영생에 관하여 질문을 던진다.

선한 선생님이여
내가 무엇을 하여야 영생을 얻으리이까 눅 18:18

예수님은 청년과 대화를 나누시고 칭찬하셨다. 제자로 허락해 주실 마음이 있으셨다. 다만 한 가지 조건을 충족시켜야 했다.

가서 네게 있는 것을 다 팔아 가난한 자들에게 주라
그리고 와서 나를 따르라 눅 18:22

예수님은 재물을 다 팔아 가난한 자들에게 주면 하늘에서 보화가 주어질 것이라고 하셨다. 영원한 생명이라는 값으로 환산할 수 없는 엄청난 보상도 주어진다. 이 세상에 사는 동안 예수님을 따르는 영광까지 얻게 된다.

그러나 그 청년은 예수님을 따르지 못했다. 그 이유는 자신의 손익계산서 상에서 잃는 것이 더 크게 생각되었기 때문이다.

그 사람은 재물이 많은 고로
이 말씀으로 인하여 슬픈 기색을 띠고 근심하며 가니라 눅 18:23

예수님을 따랐을 때 얻을 엄청난 유익에도 불구하고 현

재 자기가 소유하고 있는 재물을 내려놓을 수 없었다. 그래서 슬픈 마음으로 되돌아갔다.

베드로 역시 잠시 소유를 버리고 떠나는 것과 이스라엘 독립 사이의 손익계산서 상에서 예수님을 따라 나서는 것이 훨씬 더 유익한 일로 생각했을 것이다.

로마제국의 식민 통치 아래 사는 한 본토 친척 아버지집의 삶은 고통 가운데 있을 수밖에 없다. 그 고통을 해결할 수 있다면 어떤 희생도 감수하겠다는 심정으로 따라 나섰다.

임진왜란 때 의병으로 나선 분들의 심정이었을 것이다. 온 나라가 짓밟히고 망하게 된 상황에서 목숨을 바쳐서 나라를 구하겠다는 심정으로 민초들이 의병으로 나섰다.

한국전쟁 때 본토 친척 아버지 집을 떠난 학도병도 그와 같은 마음이었다. 제대로 된 훈련을 받지 못했어도 공산군에 맞서 싸워 목숨을 걸고 나라를 지켰다.

베드로는 그런 심정으로 예수님을 따라 나섰다.

임시로 떠났다

이 장면에서 한 가지 측면을 주목하게 된다. 그것은 베드로가 집과 배와 그물을 임시로 떠났다는 사실이다.

하나님께서 아브라함을 부르셨을 때 아브라함은 갈대아 우르나 하란으로 되돌아갈 가능성 없이 본토 친척 아버지의 집을 떠났다. 하지만 베드로는 떠났던 집과 가족을 언제든지 다시 방문할 수 있었다.

예수님은 부자 청년에게처럼 베드로에게 전 재산 처분을 요구하시지 않았다.

며칠 후에 예수님은 베드로의 집에 같이 가서서 열병으로 누워있는 베드로의 장모를 치유해 주셨고 식사도 하셨다.

선박도 아주 버린 것이 아니었다. 예수님이 십자가에 달려 돌아가신 후 낙심한 베드로는 다시 어부 생활로 돌아갔다. "나는 물고기 잡으러 가노라 하니 그들이 우리도 함께 가겠다 하고 나가서 배에 올랐으나"(요21:3). 그 배는 여전히 베드로의 소유였다.

청년과 대화를 마친 다음에 "낙타가 바늘귀로 나가는 것이 부자가 하나님의 나라에 들어가는 것보다 쉬우니라"(막10:25)라고 하셨을 때, 베드로는 놀라고 당황한 제자들을 대표하여 "우리가 모든 것을 버리고 주를 따랐나이다"(막10:28)라고 대답했다.

베드로의 이 말은 한편으로는 사실이었다. 소유를 전부 처분하고 따른 것은 아니었으나 그 시대 상황에서 예수님을 따라 나선 일은 엄청난 위험을 감수하는 결심과 선택이 아닐 수 없었다. 결국 마음에서는 재산이나 현실적인 이해관계를 모두 포기한 것과 진배가 없었다.

예수님을 잘못 알았다

이스라엘의 독립에 투신한 베드로의 입장에서 예수님의 부르심에 부응하지 못하고 실패할 것은 당연한 일이었다. 베드로는 예수님을 제대로 알지 못했다. 예수님이 행하시는 권능과 이적과 표적의 의미도 깨닫지 못했다.

1. 베드로는 예수님을 잘못 알았다

베드로에게 예수님은 정치적 메시아였다. 예수님은 이스라엘의 독립을 이루기 위해 오신 분으로 기대하고 믿었다. 이스라엘 독립이라는 환상을 품고 삼 년 동안 예수님을 바라보았고 예수님의 능력에 환호했고 이스라엘 독립의 꿈을 키웠다. 그러나 예수님은 베드로가 기대하는 정치적 메시아가 아니었다.

예수님의 정체에 관한 질문에 훌륭한 답변을 하여 베드로가 칭찬을 받은 적이 있었다.

주는 그리스도시요

살아 계신 하나님의 아들이시니이다 마 16:16

예수님을 '주', '그리스도', '하나님의 아들'로 고백했다. 예수님은 "바요나 시몬아 네가 복이 있도다 이를 네게 알게 한 이는 혈육이 아니요 하늘에 계신 내 아버지시니라"(마16:17)라고 칭찬해 주셨다. 베드로의 이 고백은 정확했고, 예수님의 정체를 바르게 말했다.

그런데 베드로의 고백에 앞서 예수님의 정체는 이미 온 이스라엘이 알고 있었다는 사실을 기억할 필요가 있다. 예수님의 정체는 공개된 비밀이었다.

세례 요한은 예수님을 '메시아'라고 증언했고, 안드레는 예수님을 메시아라고 소개했었다. 로마 군대의 백부장도 예수님을 '퀴리오스'(주)요 창조주 하나님이라고 고백하였다.

예수님의 사역 초창기에 회당 안에서 만났던 귀신도 예

수님을 '하나님의 거룩한 자'로 알아보았다. 군대 귀신이 들렸던 사람은 '지극히 높으신 하나님의 아들'이라고 외쳤다.

죽은 나사로의 집을 찾아 가셨을 때 마르다는 베드로의 고백과 거의 흡사하게 예수님을 '주', '그리스도', '하나님의 아들'이라고 고백했다. "주여 그러하외다 주는 그리스도시요 세상에 오시는 하나님의 아들이신 줄 내가 믿나이다"(요11:27).

예수님은 이미 여러 방식으로 '주', '그리스도(메시아)', '하나님의 아들', '하나님'이라는 사실을 세상에 알려 주셨다. 아무도 모르고 있던 사실을 유일하게 베드로 홀로 깨달은 것이 아니었다.

하나님이 알게 하지 않으셨다면 예수님의 정체에 대해 알 수 없다는 차원에서 주신 말씀이었다.

베드로는 정치적 메시아로 이스라엘 독립을 이루실 분이라는 믿음과 확신을 뒷받침하는 차원에서 예수님을 '주', '메시아(그리스도)', '하나님의 아들'로 고백한 것이 아니었을까 생각된다.

예수님이 그 다음에 주신 말씀도 어쩌면 정치적으로 이해되지 않았을까.

너는 베드로라

내가 이 반석 위에 내 교회를 세우리니

음부의 권세가 이기지 못하리라

내가 천국 열쇠를 네게 주리니

네가 땅에서 무엇이든지 매면 하늘에서도 매일 것이요

네가 땅에서 무엇이든지 풀면 하늘에서도 풀리리라 마 16:18-19

베드로는 자신이 독립을 쟁취한 이후 이스라엘에서 중추적인 역할을 맡게 될 것이라는 의미로 받아들였을지 모른다.

2. 베드로는 예수님을 따르지 못했다

베드로는 예수님의 제자가 되고 예수님을 따르는 것이 무슨 의미인지 제대로 이해하지 못했다. 베드로는 예수님을 돕고 이스라엘 독립에 일조一助하는 것이 제자 된 자신의 도리이고 감당해야 할 사명이라고 생각했다.

자신이 설정한 이스라엘 독립이라는 목표에 예수님이 동조해 주시길 원했던 것이지, 예수님이 가시는 길을 따라간 것이 아니었다. 삼 년 동안 베드로는 예수님을 따르지 못했다.

3. 베드로는 예수님과 함께 있지 않았다

예수님은 베드로를 예수님과 함께 있도록 훈련하셨다. 예수님과 동행하는 사람이 되기를 원하셨다. 그러나 베드로는 예수님과 함께 있지 않았다. 몸은 예수님과 함께 있었는지 모르지만, 마음은 예수님과 함께 있지 않았다. 예수님과 함께 있는 것이 무엇을 의미하는지 몰랐다.

예수님이 함께 계셨던 배 위에서조차 두려워하고 무서워하고 죽음의 공포에 벌벌 떠는 모습을 보였다. 마치 예수님이 그곳에 함께 계시지 않는 것처럼 생각하고 말하고 행동하였다.

4. 베드로는 예수님이 가시는 길을 몰랐다

베드로는 예수님이 가시는 길을 몰랐다. 예수님은 십자가의 길을 가셨다. 제자들에게도 십자가의 길을 따르도록 말씀하셨다. "예수께서 제자들에게 이르시되 누구든지 나를 따라오려거든 자기를 부인하고 자기 십자가를 지고 나를 따를 것이니라"(마16:24).

그러나 베드로는 십자가의 길이 아니라 이스라엘 독립의

길을 걸었다. 나아가 예수님도 그 길에 합류해 주시길 소망했다. 십자가의 길로 가시는 예수님을 이해하지 못했고 이해하려고 하지도 않았다. 십자가의 길은 피해야 하는 길이요, 자신이 극구 막아서야 하는 길이라고 확신했다.

세례 요한의 죽음으로 이스라엘 독립에 대한 기대가 산산이 부서졌던 것처럼, 예수님이 죽으시면 이스라엘의 독립은 물거품이 되기 때문이었다.

5. 베드로는 예수님을 믿지 못했다

예수님의 제자훈련의 최종 목표는 예수님을 믿도록 만드는 것이었다. 예수님을 믿는 것은 다시 태어나는 것이다. 예수님을 믿는 것은 예수님이 인류 구원자이시며 십자가 대속의 죽음으로 우리를 사탄의 노예살이로부터 속량해 주시러 육신을 입고 이 세상에 오신 하나님이시라는 사실을 믿는 것이다. 그러나 베드로는 예수님이 누구신지 몰랐고 믿지도 못했다.

해방의 꿈을 키우다

베드로가 예수님을 따르기 시작했다.

예수님은 큰 권능과 기사와 표적을 행하셨고 하나님의 나라를 가르치셨다. 그 모든 현장에 베드로를 데리고 다니셨다.

베드로는 예수님이 행하시는 기적들을 보면서 무슨 생각을 했을까?

예수님이 이스라엘 독립을 이루실 메시아라는 확신이 더욱 굳어졌고 엄청 흥분되었을 것이다.

예수님의 가공할 신적 능력도 상상을 초월하는 놀라움과 감격이었지만, 가는 곳마다 무리들이 보여준 뜨거운 호응은 이스라엘 독립의 꿈을 더 확고하게 키워주었을 것이다. 예수님을 따르기 참 잘했다는 생각에 가슴 뿌듯함과 자부심을 느꼈을 것이다.

예수님이 베드로를 데리고 가신 장면들을 함께 방문해 보자.

#1 물을 포도주로

예수님이 제자들에게 보여주신 처음 표적은 물로 포도주를 만드신 일이었다. 예수님이 갈릴리 가나에 사는 친척의 결혼식에 제자들과 함께 초청을 받아 참석했다.

연회 도중에 포도주가 떨어지는 상황이 발생하였다. 어머니 마리아의 부탁을 받은 예수님이 돌항아리 여섯에 채운 물을 포도주로 만드셨다. 연회장은 물로 된 포도주가 더 좋고 고급스런 포도주라고 칭찬을 아끼지 않았다.

> 예수께서 이 첫 표적을
> 갈릴리 가나에서 행하여 그의 영광을 나타내시매
> 제자들이 그를 믿으니라 요 2:11

예수님이 신적 능력을 소유하신 분이심을 나타내셨고, 제자들은 예수님이 이스라엘 독립을 이루시는데 문제가 없을 것이라는 믿음을 갖기 시작하였던 것 같다.

#2 귀신이 쫓겨나다

예수님과 함께 방문한 첫 공공장소는 가버나움 회당이었다. 예수님을 따라 안식일에 회당에 들어갔다. 회당 안에 더러운 귀신 들린 사람이 있었는데, 그런 사실을 아무도 몰랐다. 유대 종교 지도자들조차 몰랐다. 귀신을 알아보지 못했다.

회당 안에 귀신이 들어온 것은 귀신이 유대교를 농락하고 있다는 점을 상징해주는 사건이다. 회당의 정결 유지를 생명처럼 여겼던 유대교의 영적 무지와 무능을 드러내주었다.

귀신이 스스로 자신의 정체를 밝혔다. 예수님을 속일 수 없었기 때문이기도 하고 어쩌면 예수님이 나오라는 명령을 이미 내리셨기 때문일 수도 있다. 귀신이 소리쳤다. "나는 당신이 누구인 줄 아노니 하나님의 거룩한 자니이다"(막 1:24). 예수님이 귀신에게 잠잠하라고 명하셨고 그 사람에게서 나오라고 하셨다. 귀신이 큰 소리를 지르고 쫓겨나왔다.

예수님은 회당에 귀신이 들어와 있다는 사실도 아셨고 귀신을 쫓아내시는 능력도 소유하고 계셨다.

예수님의 제자라는 사실에 베드로는 엄청 큰 자부심과 우쭐함을 느꼈을 것이다.

#3 베드로 장모의 열병을 치유하시다

회당에서 나와 곧장 베드로의 집으로 가셨다. 식사 시간이 되었기 때문이었던 것 같다. 장모가 열병으로 누워 있어 손님을 치룰 여력이 없는 상황이었지만 베드로는 예수님께 아무 말도 하지 않았다. 집에 들어가시자 예수님이 베드로의 장모의 손을 잡아 일으키셨고 열병이 곧 떠나 건강이 회복되었다. 베드로는 장모의 열병을 치유하신 예수님의 능력에 다시 한 번 깊은 감명을 받았을 것이다.

#4 나병환자를 고치시다

한 나병 환자가 예수님께 찾아와 치유를 간구하였다. 나병은 불치의 병이었고 하나님의 저주를 받은 병으로 여겨졌다. 그런데 예수님이 그 환자의 몸에 손을 대셨다. 깨끗함을 받으라는 말씀에 나병이 곧 치유되는 기적이 일어났다. 말씀 한 마디에 불치병인 나병이 치유되는 예수님의 가공할 능력에 할 말을 잊었을 것이다.

#5 중풍병자의 죄를 사하시다

가버나움에 들어갔을 때 사람들이 한 중풍병자를 침상에 누인 채 데리고 왔다. 지붕을 뚫고 내려 예수님의 치유를 구하였다. 예수님은 그 중풍병자의 죄 사함을 선포하셨다. 바리새인들이 신성모독이라고 마음에 생각한 것을 아시고 악한 생각을 했다고 책망하셨다.

바리새인들의 마음의 생각까지 아시는 신적 능력을 갖고 계실 뿐만 아니라 죄를 사하는 권세를 가지신 하나님이라는 예수님의 정체를 드러내 주셨다. 또 다시 형언할 수 없는 감격과 충격을 받게 되었다.

#6 안식일에 병자를 고치시다

안식일에 회당에 들어가셨다. 그곳에 한쪽 손이 마른 사람이 있었다. 예수님이 그 사람에게 손을 내밀라는 말씀을 하시자 바로 손이 회복되는 기적이 일어났다. 베드로는 예수님이 안식일의 정신을 되살리고 모세의 율법을 능가하는 권세를 가지신 분이라는 사실에 깊은 감명을 받게 된다.

#7 로마 군대 백부장이 무릎을 꿇다

로마 군대의 백부장이 예수님께 나아왔다. 많은 무리가 모여 있는 공개 장소에서 예수님께 무릎을 꿇고 병든 하인을 고쳐달라고 간청하였다. 백부장은 예수님을 '주' kyrios로 불렀다.

그 호칭은 그곳에 모인 무리를 소스라치게 놀라게 만들었을 것이다. 베드로 역시 엄청난 긴장을 느꼈을 것이다. 로마 제국 안에서 그 호칭은 오직 로마 황제 씨-저에게만 사용되어야 했기 때문이다.

황제 숭배 사상이 강력했던 그 시절에 로마 군대의 백부장이 예수님을 '퀴리오스'(주)로 부른 것은 큰 사건이었다. 독립군의 두목일지도 모르는 예수님을 '주'로 부른 것은 자신의 지위나 목숨까지 내놓는 위험한 발언이었다.

예수님이 고쳐주시겠다고 호응하셨다. 그러자 백부장이

오히려 예수님을 막아섰다. 집에 가시지 않고 말씀만 하셔도 하인이 나을 것이라고 말했다.

백부장의 말에 예수님이 놀라셨다. 예수님을 천지만물을 말씀으로 지으신 창조주 하나님으로 알아보고 믿었기 때문이다. 예수님이 백부장을 최상급으로 칭찬하셨다. "이스라엘 중 아무에게서도 이만한 믿음을 보지 못하였노라"(마8:10).

백부장이 사용한 호칭이나 그의 믿음, 그리고 이어진 예수님의 최상급 칭찬은 베드로를 몹시 무안하게 만들었을 것이다. 모든 것을 다 버리고 예수님을 따른다고 자부했던 베드로의 믿음이 로마 군대 백부장의 믿음에 미치지 못한다는 말씀으로 들렸을 것이기 때문이다.

예수님이 '퀴리오스'(주)요 창조주 하나님이시라는 백부장의 믿음 고백뿐만 아니라 로마 군대의 백부장이 예수님께 무릎을 꿇은 일은 베드로에게 매우 의미심장하게 받아들여졌을 것이 분명하다. 로마의 식민 지배가 머지않아 끝나게 될 것을 상징적으로 보여주는 장면으로 생각되었을 것이다.

베드로에게는 로마 군대와 로마 식민제국이 예수님께 무릎을 꿇을 날이 멀지 않았다는 징표로 여겨졌을 것이 분명하다.

베드로가 낙제하다

예수님이 베드로의 믿음을 중간 점검하셨다.

예수님은 행하신 기적들을 통해 자신의 정체를 알려주셨다. 회당에 있던 귀신이나 로마 군대 백부장 등을 통해 예수님이 '주' , '그리스도' , '하나님의 아들'이라는 사실도 계시되었다.

그동안 현장에서 목격하고 깨달은 것이 베드로를 얼만큼 변화시켰는지, 예수님에 대한 믿음을 갖게 되었는지, 제자답게 성장하였는지 실전 상황을 통해 시험하셨다.

예수님이 앞서 가셨다

백부장의 하인을 치유하신 바로 그 날이 베드로의 믿음

을 중간 점검하는 날이었다. 예수님이 이스라엘 중에 그만한 믿음이 없다고 백부장의 믿음을 최상급으로 칭찬하신 후에 베드로의 믿음을 점검하셨다.

제자인 베드로의 입장에서도 백부장 못지않은 믿음을 갖고 있음을 보여 드릴 수 있는 절호의 기회였다.

날이 저문 다음에 예수님이 바다 건너편으로 건너가자고 명하셨다. 예수님이 앞장을 서시고 제자들이 뒤를 따랐다. "건너편으로 가기를 명하시니라... 배에 오르시매 제자들이 따랐더니"(마8:18,23).

그 시간은 저물어 해가 질 때였다. 그 시간에는 출항하지 않는 것이 정상이다. 해가 진 이후 갈릴리 바다에서는 기상이변으로 돌개바람이 불고 위험한 상황이 빈번히 일어났기 때문이다. 응급 상황이 발생하더라도 낮이라면 조치를 취할 수 있겠지만 야간에는 어려운 일이다.

예수님이 가자고 명하셨기에 제자들은 반발하지 못하고 어쩔 수 없이 따라야 했다. 어부로서의 경험상 항해를 해서는 안 되는 상황이란 것을 알았지만 만류하지 않았다. 예수님이 앞서 가셨기 때문에 기대와 믿음으로 순순히 따랐던 것으로 보인다.

베드로는 갈릴리 바다에서 잔뼈가 굵은 사람이다. 갈릴리는 그의 활동 무대였다. 갈릴리 바다에 관하여는 소위 전문가였다.

예수님은 베드로가 가장 익숙한 장소, 자신이 전문이라고 자부할 수 있는 갈릴리 바다로 데리고 들어가셨다. 베드로의 활동 무대 한 복판에 데리고 들어가 믿음을 중간 점검하셨다.

폭풍이 일었다

바다에 큰 놀이 일어났다

혹시나 했는데 역시나 바다에 '큰 놀'이 일어났다. 작은 풍랑이 아니라 큰 폭풍이었다. 어마어마한 폭풍이 몰아치는 비상 상황이 발생하였다. 아마도 베드로는 예수님을 만류하지 않은 것을 몹시 후회하고 자책했지 않았을까 싶다.

예수님이 바다에 대해 무지하셔서 날이 저문 다음에 항해하자고 하신 것이 아니다. 의도적으로 베드로와 제자들을 그 상황에 데리고 가셨다.

폭풍으로 배에 파도가 들이쳐 침몰할 상황이 되었다. 파

도가 배를 온통 덮어버렸다. 날은 어둡고 폭풍이 일고 파도
가 배에 들이쳐 침몰하게 된 매우 절박하고 다급한 상황이
벌어졌다.

베드로에게 가장 익숙한 장소, 자신이 전문이라고 자부
할 수 있는 갈릴리 바다에서 폭풍이라는 한계 상황을 만
나게 하셨다.

예수님은 베드로의 믿음을 보기 원하셨다. 예수님과 함
께 있는 사람으로 변하고 있는지 확인하기 원하셨다.

베드로가 만난 이 상황은 이 세상에 살고 있는 모든 성도
들이 겪을 수 있는 상황이다. 이 세상은 갈릴리 바다와 같이
예기치 못한 풍랑이 언제든지 일어날 수 있다.

예수님이 앞장서 베드로를 바다 한 복판에 데리고 가셨
던 것처럼, 오늘 우리가 직면하는 모든 상황도 예수님이 앞
서 우리를 데리고 들어가시는 상황이다. 예수님은 우리의
믿음을 중간 점검 하시고 우리가 믿음으로 흔들리지 않는
사람으로 우뚝 서기를 기대하고 계신다.

베드로가 무서워 떨었다

예수님을 깨우기 전까지 베드로는 자기 실력으로 최선을

다했다. 배에 들이친 물을 퍼내고 그 상황을 돌파하기 위해 어부로서의 지혜를 모아 나름대로 대처했다.

하지만 결국 포기할 수밖에 없는 상황에 도달했다. 자기의 전문 영역이고 그 부분에서는 누구보다 탁월하게 잘 대처할 수 있는 사람이었지만 베드로는 자구 노력을 포기한다. 그리고 주무시고 계셨던 예수님을 깨웠다.

예수께서는 주무시는지라 마8:24

예수님은 깊이 잠들어 계셨다.

예수님이 주무셨던 의미를 생각하게 된다. 제자들이 주무시는 예수님을 깨운 것이 아니라, 예수님이 영으로 잠자고 있는 베드로와 제자들을 깨우고 계셨던 것이 아니었을까 싶다.

제자들이 다급하게 외쳤다.

주여 구원하소서 우리가 죽겠나이다 마8:25

'우리'를 살려 달라는 것이다. '우리'를 살려 달라, '우리'

가 죽게 되었다고 외쳤다. 제자들의 의식 저변에 그들은 예수님과 운명 공동체가 아니었음이 드러난다.

제자들에게 죽음에 대한 공포가 들어왔다. 배가 침몰하고 바다에 수장될지 모른다는 두려움에 사로잡혔다. 제자들 마음속에 두려움의 폭풍이 몰아친 것이다.

이것은 무엇을 의미하는가? 베드로는 그 순간에 예수님과 같은 배에 타고 있는 것이 무엇을 의미하는지 몰랐다. 베드로는 예수님과 함께 있지 못했고 예수님을 믿지도 못했다.

다윗은 죽음의 공포를 느끼는 상황에서 이렇게 소리쳤다.

내가 사망의 음침한 골짜기로 다닐지라도
해를 두려워하지 않을 것은
주께서 나와 함께 하심이라 시 23:4

주님과 함께 하는 사람은 절체절명의 상황에서조차 두려워하지 않는다. 단 한 가지 이유는 주님과 함께 있기 때문이다.

베드로는 예수님이 함께 계시는 상황에서도 두려워했다.

그것은 베드로가 예수님과 함께 있지 않았다는 사실을 증명해준다.

예수님은 잠에서 깨어나셔서 먼저 제자들을 책망하셨다.

어찌하여 무서워하느냐 믿음이 작은 자들아 마 8:26

곤하게 주무시다가 깨어나신 분의 반응으로는 대단히 기이하다. 상식적으로는 '무슨 일인데 이렇게 급히 나를 깨우느냐' 정도의 반응이 자연스럽고 정상적이다.

그런데 예수님은 눈을 뜨자마자 제자들의 믿음 없음을 먼저 책망하셨다. 바람과 바다를 책망하시기 전에 먼저 베드로와 제자들을 책망하셨다. 예수님의 기대에 부응하지 못한 베드로의 실패를 꾸짖으셨다.

예수님의 책망은 베드로와 제자들을 향한 기대가 있었음을 말해준다. 예수님의 기대는 그런 상황에서조차 예수님을 믿고 무서워하지 않는 것이었다.

예수님과 함께 있는 자들은 어떤 상황에서도 두려워하지 않는다. 예수님을 믿는 자들은 두려워하지 않는다. 우리 마음에 두려움이 있다면 그것은 예수님을 믿지 못하기 때문이다. 예수님과 함께 있지 않기 때문이다.

예수님께 무례를 범했다

이 장면에서 생각해야 할 중요한 측면이 있다.

베드로가 무서워 예수님을 흔들어 깨운 행위는 사실 예수님께 대단한 무례를 범한 것이었다. 예수님이 타고 계신 배에서 두려워했다는 것은 예수님의 존재를 무시한 것이기 때문이다.

예수님은 위기의 상황보다 훨씬 더 크신 분이다. 그 상황과 예수님을 비교한다는 자체가 어불성설이다. 예수님은 창조주이시고 피조물인 폭풍과 바다는 창조주의 명령에 순종할 뿐이다. 예수님이 함께 계신 그 장소에서 두려운 마음을 갖는 것은 그 자체로 예수님께 엄청난 무례가 아닐 수 없다.

예수님이 이러한 무례를 지적하신 적이 있었다.

사람들이 예수님께 중풍병자를 데리고 왔다. 그냥 안수하시고 평범하게 고쳐주셨더라면 아무 문제가 없었을텐데, 예수님이 엄청난 선언을 하셨다.

소자야 네 죄사함을 받았느니라 막 2:5

현장에 있던 바리새인들이 "이 사람이 어찌 이렇게 말하는가 신성모독이로다 오직 하나님 한 분 외에는 누가 능히 죄를 사하겠느냐"라고 생각했다. 예수님은 그들의 생각을 아시고 책망하셨다. "너희가 어찌하여 마음에 악한 생각을 하느냐" 그리고 "인자가 세상에서 죄를 사하는 권능이 있는 줄을 너희로 알게 하려 하노라"고 하셨다.

예수님의 죄 사함 선포가 아니라 바리새인들의 생각이 신성모독이라는 점을 지적하셨다. 예수님은 죄를 사하는 권세를 갖고 계신 하나님이시기 때문이다.

예수님을 향하여 '신성모독'이라고 생각하는 자체가 오히려 하나님이신 예수님께 신성모독을 범한 것이다.

베드로 역시 예수님께 신성모독에 버금가는 무례를 범한 것이다. 폭풍과 파도가 큰가 아니면 주님이 크신가?

주님이 함께 계시는 상황에서 무서워 벌벌 떨고 있다면 그곳에 함께 계신 주님의 존재감은 없게 된다. 곁에 계신 주님을 무시한 것이다.

그 작은 배 안에 예수님과 함께 타고 있었지만 베드로는 예수님과 함께 있지 못했다.

예수님에 대한 믿음이 조금이라도 있었다면 베드로는 그런 반응을 보이지 말았어야 한다. 예수님을 놀라시게 만들 정도의 믿음은 고사하고 예수님의 책망은 듣지 않았어야 했다.

그러나 베드로는 중간 점검에 낙제했다. 창피하기 그지없는 일이 아닐 수 없었다.

두려워 떨었던 제자들에 대한 언급이 달라진다.

마태는 예수님이 바람과 바다를 잠잠케 하신 것에 '그 사람들이' 놀랐다고 기록했다. 제자라는 호칭이 사라졌다. 대접이 달라진 것이다. 그들이 아직 제자답지 못한 사람들이라고 암시한 것이다.

예수님이 꾸짖으시자 바람과 바다가 즉시 잠잠해졌다.

보통의 경우 풍랑이 서서히 가라앉는다. 그러나 이 장면에서는 바람과 파도가 모두 즉시 뚝 그치는 기이한 현상이 일어났다. 배에 부딪히던 파도조차 예수님이 꾸짖으시는 그 순간 모든 동작을 멈추었다.

이런 현상은 신비 그 자체였을 것이다. 갈릴리 어부였던 베드로가 평생 한 번도 경험해 보지 못한 기절초풍할 현상

이 아닐 수 없다. 기적적인 현상이고 신적인 임재를 느끼게
만드는 그런 현상이었다.

예수님이 누구신지 몰라보았다

제자들 모두 깜짝 놀라 크게 외쳤다.

**이이가 어떠한 사람이기에
바람과 바다도 순종하는가** 마 8:27

예수님은 자신이 자연계조차 순종하는 창조주이심을 계
시해 주셨다.

베드로는 그 엄청난 기적의 현장을 목격했으면서도 예수
님이 누구신가 되묻고 있다.

같은 날 불과 몇 시간 전에 로마 군대 백부장은 예수님이
말씀으로 온 세상을 창조하신 하나님이라는 사실을 알아보
고 믿었다. 백부장의 믿음을 칭찬하셨던 장면이 기억에 생
생했을 것이다.

더 나아가 자연계조차 순종하는 창조주 하나님의 능력
을 직접 현장에서 체험했으면서 베드로는 여전히 예수님을

하나님으로 알아보지 못했다.

입술로 주님을 믿는다고 고백하는 것과 실제 삶의 현장에 주님과 함께 있는 사람답게 생각과 말과 행동을 하는 것은 전혀 다른 차원의 문제이다.

우리의 일상 속에 예수님이 안 계신 것처럼 생각될 수 있다. 혹은 예수님이 깊은 잠을 주무시는 것처럼 생각될 수 있다.

그러나 예수님은 함께 계신다. 우리에게 주어진 모든 상황 속에 함께 계신다. 예수님은 우리가 있는 곳에 항상 함께 하신다는 확신을 가져야 한다. 그것이 예수님이 기대하시는 믿음이다.

사도 바울이 주는 권면이다.

주 안에 굳게 서라 빌 4:1

굳게 서는 것은 어떤 상황에서도 흔들리지 않고 두려워하거나 염려, 근심, 걱정을 하지 않는 것이다. 좀 더 적극적으로는 어떤 상황에서도 오히려 담대하고 기뻐하고 즐거워하는 것이다.

그런 사람이 되는 방법은 단 한 가지뿐이다. 예수님이 누구신지 정말 알고 예수님이 나와 함께 계신다는 사실을 확신하고 예수님을 믿는 것이다. 예수님을 믿고 의지하는 것이다.

베드로는 예수님이 기대하시는 믿음을 보여드리지 못했다. 제자다운 모습을 보여 드리는데 실패했다.

예수님의 정체를 알아보지 못한 것은 예수님은 이스라엘의 독립을 이루실 정치적 메시아라는 자기 확신에 베드로가 빠져있었기 때문이었다.

예수님의 중간 점검에 낙제했다!

이스라엘의 왕이시여!

예수님의 중간 점검에 낙제했음에도 아랑곳하지 않고 정치적 메시아 예수님에 대한 베드로의 헌신과 충성에는 변함이 없었다.

계속 이어진 예수님의 기적들은 이스라엘의 독립과 메시아 예수님에 대한 신뢰를 한층 더 강화시켜 주었다. 베드로와 제자들은 예수님이 이스라엘의 왕으로 등극하실 날이 멀지 않았다고 믿어 의심치 않았다.

#8 죽은 청년을 살리시다

예수님이 나인 성으로 가셨다. 그 성에 사는 과부의 독자 아들이 죽었다. 성문 가까이 이르렀을 때에 사람들이 청년의 시체를 넣은 관을 메고 나오고 있었다. 예수님이 그 과부를 위로하신 후 관에 손을 대시고 선포하셨다. "청년아 내가 네게 말하노니 일어나라"(눅7:14).

예수님의 말씀에 관 속에 있던 청년이 살아났다. 일어나 앉아 말도 하였다. 베드로와 모든 무리가 두려워 떨었다. 입을 다물지 못했다. 상상을 초월하는 예수님의 능력에 경악하는 일이 일어났다.

그곳에 있던 무리가 하나님께 영광을 돌리고 큰 선지자가 일어나셨다고 크게 소동하였다. 예수님에 대한 소문이 온 유대와 사방에 두루 퍼져나갔음은 두말 할 나위도 없다.

#9 군대 귀신을 쫓아내시다

갈릴리 바다 한 복판에서 바람과 바다를 잠잠케 하신 후 베드로 일행을 태운 배는 건너편 거라사인에 도착하였다. 예수님이 배에서 내리시는 시간에 맞추어 군대 귀신 들린 사람이 달려와 예수님께 절하였다.

사전에 예수님이 명령하신 것으로 생각된다. 그렇지 않고서야 귀신이 예수님께 달려 올 이유가 없다. 자기를 쫓아내려고 오시는 예수님을 반갑게 맞이할 이유가 없기 때문이다.

귀신은 '지극히 높으신 하나님의 아들 예수여'라고 외친다. 예수님이 귀신의 이름을 묻자 '레기온' λεγιών legion 이라고 밝혔다. '레기온'은 당시 로마 군대의 편성단위로 약 6,000명의 병사로 구성되었다. 로마에서 가장 큰 규모의 군대 단위였으며, 요즘 군대의 사단에 맞먹는다.

자기를 괴롭히지 말아달라는 떼귀신 레기온의 요청에 돼지 떼에 들어가도록 허락하신다.

베드로는 귀신 레기온이 예수님이 도착하시는 시간에 맞추어 쏜살같이 달려온 것, 예수님을 하나님의 아들로 선포한 것, 예수님께 간청한 것, 예수님의 허락으로 돼지 떼에 들어간 것, 귀신들렸던 사람이 온전하게 회복된 것을 보았다.

이 장면 역시 베드로에게는 매우 특별한 의미로 생각되었을 것이다.

로마 군대의 편성 단위인 레기온이라는 이름의 귀신이 무릎을 꿇고 쫓겨나는 광경은 마치 로마 군대가 전투에서 패배하고 도주하는 장면을 연상시켰을 수 있다.

예수님이 귀신의 이름을 특별히 물어보시고 그 정체를

드러나게 하신 것은 머지않아 로마 군대를 이스라엘 땅에서 몰아내시겠다는 의지를 드러내신 것으로 이해되었을 여지가 충분하다.

베드로는 예수님이 이스라엘 회복에 대한 의지와 의도를 드러내주신 것으로 생각하고 흥분된 마음을 감추지 못했을 것이다.

#10 회당장 야이로의 죽은 딸을 살리시다

예수님과 베드로 일행은 배를 타고 되돌아온다. 돌아오는 뱃길에는 폭풍이 일어나지 않았다. 회당장 야이로가 와서 죽어가는 딸을 살려달라고 간청한다.

회당장의 집으로 가는 도중에 혈루증으로 열 두 해 고생하던 여인이 예수님의 옷자락을 만진 일로 인해 잠시 멈추어 서게 되는데, 그 사이에 딸이 죽었다는 소식이 전해졌다.

예수님은 회당장에게 "두려워하지 말고 믿기만 하라"고 하셨다. 베드로는 폭풍 속에서 두려워하고 믿지 못했던 자신을 향한 책망의 소리로 들었지 않았을까 싶다.

예수님은 죽은 소녀를 향해 "달리다굼"이라 말씀하셨고

소녀가 즉시 살아나 일어나 걸었다.

베드로는 시체였던 소녀가 살아나는 기막힌 기적의 현장을 목격하였다.

#11 혈루증 여인을 낫게 하시다

예수님이 회당장의 집으로 가시는 도중에 열 두 해를 혈루증으로 고생하던 여인이 예수님의 옷자락을 만져 고침을 받는 일이 일어났다. 예수님은 그 여인의 정체를 드러내도록 하신 후 "딸아 네 믿음이 너를 구원하였다"고 하셨다.

예수님은 계속하여 믿음을 부각시켜주셨다. 믿음이 적다고 책망을 받았던 베드로의 입장에서는 믿음을 강조하시는 그 상황이 민망하고 불편했을 것이 분명하다.

그러나 동시에 베드로는 예수님의 가공할 능력에 계속 입을 다물지 못했을 것이다.

#12 오병이어의 기적을 행하시다

큰 무리가 빈 들에 모여들었다. 예수님은 그들을 목자 없는 양같이 불쌍히 여기고 말씀을 가르쳐주셨다.

이백 데나리온이라는 거금이 있어야 떡을 구할 수 있고 설령 돈이 있다고 해도 그 많은 양의 떡을 바로 구입하는 것이 불가능한 상황이었는데, "너희가 먹을 것을 주라"는 예수님의 말씀에 제자들은 몹시 당황했다.

예수님이 어린 아이가 가져온 물고기 두 마리와 보리 떡 다섯 개로 감사 기도를 하신 후 떼어주시는 떡과 생선을 제자들이 나누어 주었다. 성인 남자 오천 명을 먹이시는 기적이 일어났다.

떡과 생선을 무리에게 나누어주던 베드로의 심정은 어떤 것이었을까? 출애굽한 이스라엘 백성을 광야에서 만나로 먹이신 하나님의 기적을 떠올리지 않았을까?

출애굽과 같은 또 한 번의 이스라엘 독립의 역사가 머지 않아 새롭게 일어날 것이라는 감격에 사로잡혔을 것이다.

#13 바다 위를 걸으시다

오천 명을 먹이신 후 제자들에게 건너편 벳새다로 건너가도록 하셨다. 예수님은 함께 동행하지 않으시고 따로 기도하러 산으로 가셨다.

전에 폭풍을 만났을 때에도 해가 진 후 출항을 했었다. 그 때는 예수님이 함께 배에 타고 가셨는데 이번에는 예수님이 동행하지 않으셨다. 제자들은 예수님의 지시사항에 그대로 순종하였다.

이번에도 바람이 강하게 불어 배가 앞으로 나아가지 못했다. 예수님이 새벽 3시 경에 바다 위로 걸어서 제자들에게 다가오셨다. 제자들은 유령인줄 알고 혼비백산하였다. 사람이 물 위를 걷는 것은 불가능한 일이다. 베드로는 상상을 초월하는 예수님의 능력을 목격했다.

베드로는 예수님께 자기를 바다 위로 걸어오라고 말씀해 주십사 부탁했다. 지난 번 믿음이 적다고 책망 받았던 것을 만회하고 자기도 믿음이 없지 않음을 증명해 보일 심산이었던 것 같다. 예수님의 허락에 베드로는 바다 위를 걸어 예수님께로 갔다.

그런데 바람을 보고 무서운 마음이 들자 물에 빠졌다. 예수님께 살려달라고 소리쳤다. 예수님이 즉시 손을 내밀어 붙잡아 주셨다. 그리고 말씀하셨다. "믿음이 작은 자여 왜 의심하였느냐"(마14:31).

베드로는 또다시 믿음을 보여드리는데 실패했고 낙제하였다.

#14 예수님이 모세, 엘리야와 출애굽을 의논하시다

베드로, 야고보 및 요한을 데리고 예수님이 높은 산에 올라가셨다. 제자들이 보는 앞에서 모습이 변화되셨고 그곳에 모세와 엘리야가 나타나 예수님의 출애굽에 관하여 대화를 나누셨다.

모세와 엘리야가 나타난 현상을 어떻게 언어로 설명할 수 있겠는가?

세 분이 앞으로 있을 예루살렘에서의 예수님의 출애굽을 ἔξοδος exodus 의논했다는 사실은 베드로의 상상력을 크게 자극했을 것이다.

세 분이 대화를 나누시는 가운데 '출애굽'이라는 용어가 들려왔을 때, 베드로는 이스라엘의 해방이 임박했다는 주체하기 힘든 설렘과 흥분을 느꼈을 것이다.

#15 죽은 나사로를 살리시다

베다니에 살고 있던 마리아와 마르다의 동생 나사로가 죽었다. 죽은 지 삼일이 지나 냄새가 날 정도였다.

그 집에 도착하신 예수님이 무덤의 돌을 옮겨 놓으라 하셨다. 누이 마리아는 이미 죽어 시체가 된 상황이라 살아날 가망이 없다고 했지만 예수님이 큰 소리로 나사로에게 나오라고 부르셨다.

그러자 죽은 나사로가 수족을 베로 동인 시체 상태로 걸어 나왔다. 무리가 기절초풍을 했다.

예수님은 "아버지께서 나를 보내신 것은 저들로 믿게 하려 함이니이다"(요 11:4)라고 하셨다.

베드로는 에스겔 37장의 마른 뼈 골짜기 환상을 떠올리지 않았을까?

하나님은 에스겔 선지자를 통해 마른 뼈처럼 죽어 있는 이스라엘을 무덤에서 나오게 하여 고국 이스라엘로 돌아가게 하시겠다는 계시를 주셨다.

죽은 자를 살리시는 예수님의 능력이 이스라엘의 회복을 약속해 주는 것으로 생각되었을 것이다. 베드로는 예수님이 하나님의 말씀을 대언하고 죽은 자를 살리고 이스라엘을 회복시키실 분이라는 흔들리지 않는 확신을 굳게 가지게 되었을 것이다.

#16 나귀 새끼를 끌고 오도록 하시다

베다니에서 예루살렘을 향해 출발하시기 전에 예수님이 제자들에게 건너편 마을 길가에 매여 있는 새끼 나귀를 풀어 끌고 오라고 하셨다. 나귀 주인이 나타나 항의할 것인데 그 때 주가 쓰시겠다고 하면 허락할 것이라고 설명하셨다.

제자들이 건너편 마을에 가 보니 예수님이 말씀하신 그대로 새끼 나귀가 있었고 그 주인은 예수님이 말씀하신 그대로 허락하였다.

베드로는 예수님이 멀리 떨어진 곳에서도 나귀 새끼가 길 가에 매여 있는 것을 모두 다 보고 계시고 다 알고 계시는 신적 능력의 소유자라는 사실을 새삼 확인하였다.

#17 무화과나무가 마르다

예수님이 베다니에서 나오셨을 때 시장하셨다. 마침 무화과나무를 발견하고 무엇이 있을까 하여 다가갔는데 잎만 무성하고 아무 열매도 없었다. 예수님이 "이제부터 영원토록 사람이 네게서 열매를 따 먹지 못하리라"고 하셨고 그 다음날 베드로는 그 나무가 뿌리째 말라버린 것을 보았다.

예수님은 베드로에게 자연계도 명하시고 통치하시는 권세를 가진 분이시라는 사실을 또 다시 보여주셨다.

#18 이스라엘의 왕이시여!

예수님이 베다니에서 예루살렘으로 가시는 길가 양쪽에 큰 무리가 쏟아져 나와 종려나무 가지를 흔들며 환호하였다.

"호산나 찬송하리로다 주의 이름으로 오시는 이 곧 이스라엘의 왕이시여"(요12:13).

종려나무 가지는 승리를 상징했다. 전쟁에서 승리하고 돌아오는 개선장군과 그의 병사들을 환영하면서 흔들었다. 승리한 군대가 성내로 들어오는 장면이 연출되었다.

그 열광, 그 환호, 그 기쁨은 이루 말할 수 없었을 것이다. 아직 싸움을 개시하지 않았는데 승리를 축하한 것을 보면 무리들이 이스라엘의 독립을 얼마나 갈망했는지 알 수 있다.

그들은 아예 노골적으로 예수님을 이스라엘의 왕으로 선포하였다. 예수님을 십자가에 처형할 때 로마 군인들이 십자가에 '유대인의 왕'이라고 쓴 패를 걸었고 예수님에게 "유대인의 왕이면 네가 너를 구원하라"고 조롱했던 것을 보면 무리들은 예수님이 이스라엘의 독립을 쟁취하고 왕으로 등극하실 것으로 믿고 기대했음을 알 수 있다.

베다니에서 죽었던 나사로를 다시 살려내는 능력을 소유하신 분이라면 로마와의 전쟁은 이미 승리한 것이나 다름없다고 선포한 것이다.

무리의 외침은 이스라엘 독립이라는 환상이 거의 이루어졌다는 주체할 수 없는 감격에 젖게 만들었을 것이다.

#19 유월절 음식을 준비시키시다

유월절 양을 잡고 음식을 먹는 날에 예수님 일행은 아무런 준비도 하지 않았다. 제자들의 입장에서 미리 유월절 음식을 준비했어야 마땅한데 그런 민첩한 모습을 보여 드리지 못했다. 오히려 예수님께 어떻게 하면 좋을지 물었다.

그때 예수님은 제자 두 명을 성내로 들어가도록 하시고 물동이를 가지고 가는 남자를 만나거든 그를 따라가서 그 사람의 집 주인에게 유월절 음식 준비를 부탁하라고 지시하신다.

성내로 들어간 제자들은 말씀하신 그대로 물 한 동이를 가지고 가는 남자를 발견했고 말씀하신 그대로 그 사람의 집 주인을 만나 유월절 음식을 준비하였다.

유월절은 이스라엘 백성의 출애굽을 기념하는 절기이다. 베드로는 예수님의 신적 능력을 목격하였고, 예수님을 통해 출애굽의 역사가 일어날 것이라는 기대에 차올랐을 것이다.

예수님의 십자가의 길을 막아서다

베드로는 이 모든 장면에서 예수님의 능력과 무리들의 열광적인 호응을 경험하면서 예수님이 이스라엘의 왕으로 등극하실 날이 가까이 다가왔다는 자신감과 확신에 불타올랐을 것이다. 이제 이스라엘 독립이라는 대업에 마지막 성취의 순간이 다가왔다.

그런데 갑자기 예수님이 십자가에서 죽으실 것을 예고하셨다. 십자가의 길로 가시겠다는 예수님의 말씀이 베드로의 귀에 들어올리 만무했다.

예수님은 마지막 예루살렘 여정을 앞두고 제자들에게 죽음과 부활을 알리셨다. 예수님이 이 땅에 오신 목적이요 인류 구원자로서 하나님의 약속을 성취하러 오신 하늘의 비밀이 마침내 공개된 것이다.

이때로부터 예수 그리스도께서

자기가 예루살렘에 올라가

장로들과 대제사장들과 서기관들에게

많은 고난을 받고 죽임을 당하고

제 삼일에 살아나야 할 것을

제자들에게 비로소 나타내시니 마 16:21

예수님의 말씀에 베드로는 크게 당황하였다. 예수님이 죽임을 당할 수 있다는 사실을 도저히 받아들일 수 없었다. 메시아가 고난을 당하고 죽임을 당해야 한다는 사실을 이해하지 못했고 용납할 수 없었다. 예수님의 죽음은 곧 이스라엘 독립의 좌절을 의미하기 때문이었다.

그 즉시 베드로가 예수님을 책망하는 경거망동을 보였다.

예수님의 십자가 길을 막아서며 소치쳤다. "주여 그리마옵소서 이 일이 결코 주께 미치지 아니하리이다"(마16:22).

베드로의 말을 달리 번역하면 이렇다. "하나님, 이 일을 금하소서 God forbid it, Lord! 이 일이 결코 그대에게 일어나지 않을지어다 This shall never happen to You"

이것은 명령조의 말이었다. 마치 십계명의 금지명령처럼

십자가 죽음이 일어나지 말라고 선포한 것이다. 신적 권위를 사칭한 것이다.

이스라엘의 독립을 이루어야 한다는 사명 의식에 불타 있던 베드로의 입장에서 예수님의 죽음 예고에 분노를 느꼈던 것 같다. 자기가 삼 년 동안 예수님을 따라 다녔던 것이 물거품이 될 수 있다는 생각에 억울하고 분한 마음이 올라왔던 것 같다.

예수님은 베드로를 향해 "사탄아 내 뒤로 물러 가라 너는 나를 넘어지게 하는 자로다"(마16:23)라고 책망하셨다. 베드로가 하나님의 일을 생각하지 않고 사람의 일을 생각하는 것이라고 신랄하게 야단을 치셨다.

이 정도로 신랄한 예수님의 책망을 받았으면 정신을 차리고 예수님의 말씀에 순종했어야 했는데, 베드로는 그 이후에도 달라진 모습을 보이지 않았다. 여전히 이스라엘의 독립이라는 사람의 일에 사로잡혀 있었다.

다른 제자들도 마찬가지였다. 베드로가 심한 책망을 받았던 바로 그 자리에 가룟 유다를 포함한 모든 제자들이 함께 있었다. 그들은 죽음과 부활에 대한 예수님의 예고에도 아랑곳하지 않고 이스라엘의 독립이 임박했다는 각자의 소망에 사로잡혀 있었다.

권력 다툼이 일어나다

예수님의 십자가 죽음 예고에도 불구하고 제자들은 이스라엘의 독립 쟁취 이후에 누가 어떤 자리를 차지할 것인지를 놓고 권력 다툼을 벌였다.

야고보와 요한이 다른 제자들에 앞서 선수를 치고 나왔다. 예수님이 이스라엘 왕으로 등극하실 날이 멀지 않았다는 확신이 들었고 그 때 일등공신의 자리는 자기들의 몫이라는 생각을 했던 것 같다.

그들은 아예 노골적으로 예수님의 우편과 좌편에 앉게해 달라는 요구를 했다.

주의 영광중에서 우리를 하나는 주의 우편에,
하나는 좌편에 앉게 하여 주옵소서 막 10:37

마태복음은 어머니도 두 아들을 위해 청탁을 드린 것으로 기록하고 있다. 아마 야고보와 요한이 먼저 요청을 드리고 뒤이어 어머니가 가세했던 것으로 보인다. 온 집안이 발

벗고 나선 형국이었다.

> 나의 이 두 아들을 주의 나라에서 하나는 주의 우편에,
> 하나는 주의 좌편에 앉게 명하소서 마 20:21

베드로는 그 사실을 전해 듣고 두 제자에 대하여 엄청 분노했다. 자기야말로 제자들의 대표 격으로 가장 높은 자리를 차지해야 마땅한데, 선수를 빼앗긴 분노를 삭이지 못했다. 권력 다툼이 본격화 된 것이다.

베드로가 선제공격을 가하다

예수님이 이스라엘 독립을 이루실 것이라는 기대와 열망은 겟세마네 동산에서도 행동으로 드러났다.

성전 경비대와 대제사장들이 파송한 큰 무리가 칼과 몽치로 무장을 하고 예수님을 체포하러 왔다. 예수님의 일정을 알고 있는 유다가 안내한 것이다. 예수님의 제자들은 중과부적이었다. 싸움을 하면 모두 몰살당할 것은 불 보듯이 뻔하였다.

그런데 그 순간 베드로가 갑자기 선제공격을 감행했다.

가지고 있던 검으로 대제사장의 종 말고의 귀를 잘랐다.

베드로가 그렇게 하겠다고 사전에 동료 제자들과 의논했던 것이 아니었다. 다른 제자들의 지원사격을 기대하고 저지른 행동도 아니었다. 예수님과 교감을 갖고 행동한 것은 더군다나 아니었다. 베드로의 단독 결정이었고 단독 행동이었다.

베드로는 왜 그런 무모하기 짝이 없는 행동을 했을까?

그들에게는 검을 소유한 사람이 두 명 밖에 없었다. 베드로가 그 중 한 명이었다. 그것도 전투용 검이 아니라 호신용 검이었다. 성전경비대와 싸워봤자 승산이 없다는 사실을 모르지 않았을 것이다.

그렇다면 이유는 한 가지뿐이다. 믿는 구석이 있었던 것이다.

자기가 선제공격을 해서 싸움을 시작하면 지금까지 온갖 신적 능력을 행사하셨던 예수님이 초능력을 발휘하셔서 뒷수습을 해주시고 더 나아가 유다가 데리고 온 군인들과 한 판 승부를 벌이실 것으로 기대했던 것이다.

그러면 본격적으로 독립을 향한 전투가 개시될 것이라는 기대도 있었던 것으로 보인다.

베드로는 자기가 그런 기회를 만들어야 한다는 사명감을

느꼈던 것 같다. 그런 이유가 아니었다면 자살행위와 다름이 없는 그토록 무모한 선제공격을 감행했을 까닭이 없다.

베드로는 예수님을 구하기 위해 그렇게 목숨 건 행동을 했던 것이 아니다. 예수님이 도망가실 틈새를 만들어 드리려고 했던 것도 아니었다.

곧 이어 목숨을 부지하기 위해 걸음아 날 살려라 하고 도망친 것을 보면 그 의도가 무엇이었는지 충분히 짐작할 수 있다.

그러나 예수님은 전혀 움직이지 않으셨다. 베드로의 기대에 부응해 주시지 않았다. 오히려 말고의 귀를 도로 붙여 낫게 해주셨다.

그리고 베드로에게 말씀하셨다.

이것까지 참으라 눅 22:51

네 칼을 도로 칼집에 꽂으라
칼을 가지는 자는 다 칼로 망한다 마 26:52
아버지께서 주신 잔을 내가 마시지 아니하겠느냐 요 18:11

너는 내가 내 아버지께 구하여
지금 열두 군단 더 되는 천사를 보내시게

할 수 없는 줄로 아느냐 마 26:53

예수님은 베드로의 선제공격에 담겨 있는 기대를 알고 계셨던 것이다.

베드로는 예수님이 아버지에게 천군천사들을 보내달라고 하셔서 독립 전쟁의 도화선에 불을 당겨주시기를 기대했던 것 같다. 마치 아람 왕이 엘리사를 잡으러 군대를 보냈을 때 여호와의 불 말과 불 병거가 산에 가득하여 엘리사를 보호하였던 것처럼, 천군과 천사들이 나타나 막강한 로마 군대를 추풍낙엽처럼 무찌르고 이스라엘의 독립을 이루어 주시길 내심 기대했던 것 같다.

이스라엘의 왕이 되소서!

예수님은 부활하신 후 사십 일 동안 제자들에게 나타나시고 하나님 나라의 일을 말씀하셨다. 승천하시기 직전에 지상에서 마지막 분부를 내리셨다. "예루살렘을 떠나지 말고 내게서 들은 바 아버지께서 약속하신 것을 기다리라 요한은 물로 세례를 베풀었으나 너희는 몇 날이 못되어 성령으로 세례를 받으리라"(행1:4-5).

그 순간에 제자들이 예수님께 질문을 던졌다.

주께서 이스라엘 나라를 회복하심이 이 때니이까 행 1:6

제자들은 예수님의 승천하시기 직전의 상황에서조차 예
수님이 이스라엘 독립을 이루어 이스라엘의 왕으로 등극해
주실 것을 기대했다.

모든 것이 끝났다

예수님을 버리고 도망하다

예수님의 계속된 죽음 예고에도 불구하고 예루살렘으로 올라가는 제자들은 이스라엘 독립에 대한 희망에 불타올랐다.

그들은 예수님이 베다니에서 새끼 나귀를 타고 예루살렘으로 올라가시는 길 양 옆에 수많은 인파가 몰려나와 예수님을 연호하고 열렬히 환영하는 모습을 보았다.

거리를 가득 메운 무리가 외치는 소리는 천지를 진동했을 것이다. 그 소리를 들었던 베드로의 심장도 몹시 사납게 뛰었을 것이다.

하지만 예수님은 세 차례 죽음과 부활을 예고하셨다. 그

이후에도 예수님은 계속 십자가에서 처형당할 것이라고 좀
더 구체적인 내용을 예고하셨다.

> 너희가 아는 바와 같이
> 이틀이 지나면 유월절이라
> 인자가 십자가에 못 박히기 위하여 팔리리라 마 26:2

예수님의 머리에 향유를 부은 여인의 행동에 대해서는
예수님의 장례를 준비하기 위한 것이라고 하셨다.

유월절 만찬 석상에서는 잔을 가지고 "이것은 많은 사
람을 위하여 흘리는 나의 피 곧 언약의 피니라"라는 끔찍한
말씀을 하셨다. 그리고 목자를 치면 양들이 흩어지듯이 예
수님이 죽임을 당하고 제자들이 모두 예수님을 버리게 될
것이라는 말씀도 하셨다.

이렇게 계속된 죽음 예고와 주변 분위기가 심상치 않게
돌아가고 있음을 제자들도 감지했던 것 같다. 그들도 어떤
불길한 기운과 심각한 위기감을 느끼지 않을 수 없었을 것
이다. 제자들 사이에 여차하면 도망가야 할지 모른다는 분
위기도 드러났던 것 같다.

제자들이 버리고 떠날 것이라는 예수님의 말씀에 베드로가 강하게 항변하였다.

모두 주를 버릴지라도 나는 결코 버리지 않겠나이다 마 26:33

주여 내가 주와 함께
옥에도, 죽는 데에도 가기를 각오하였나이다 눅 22:33

주를 위하여 내 목숨을 버리겠나이다 요 13:37

베드로조차 다른 제자들이 예수님을 버리고 도망할 가능성을 감지했던 것 같다. 자신은 끝까지 예수님을 버리지 않고 이스라엘의 독립이라는 대업을 이루고 자신의 기대와 열망을 성취하겠다는 의지를 다졌다.

예수님의 생명을 구하기 위하여 자기 목숨을 바칠 것이고 예수님이 죽임을 당하시면 자기도 죽을 것이라고 다짐하기도 했다.

그랬던 베드로가 예수님이 체포되시는 현장에서 저항의 사를 전혀 보이지 않자 예수님을 버리고 도망쳤다.

자기도 예수님처럼 잡혀 죽을지 모른다는 두려움으로 예수님이야 어찌 되건 상관하지 않고 자기 목숨을 부지하기 위해 걸음아 날 살려라 줄행랑을 쳤다.

제자들이 다 예수를 버리고 도망하니라 막 14:50

베드로는 예수님과 죽음의 자리까지 동행하지도 않았고 예수님이 가시는 길을 따라가지도 않았다.

예수님을 모른다고?

예수님이 대제사장의 집으로 끌려갔다.

예수님을 버리고 도망친 제자들 모두 어디론가 사라졌지만, 베드로는 홀로 되돌아와서 상당한 거리를 두고 따라갔다.

예수님에 대한 미련이 아직 남아 있었던 것이다. 예수님이 그렇게 허무하게 끝나실 분이 아니라는 생각이 올라왔던 것 같다. 그동안 수많은 장면들 속에서 보여주신 신적 능력이 떠올랐을 것이고 하나님이 보내신 메시아라는 기대를 접기에는 아직 이르다는 생각도 들어왔던 것 같다.

방금 전 겟세마네 동산에서도 땅에 떨어진 말고의 귀를 다

시 붙여주어 그 자리에서 낫게 하신 기적을 행하셨다. 수술
하고 실로 꿰매어 준 것이 아니었다. 그냥 그 즉시로 나았다.

그런 예수님이 능력을 행하셔서 이스라엘의 독립을 위한
기상천외한 반전의 역사를 일으켜주실 것이라는 일말의 기
대가 아직 가시지 않았던 것이다.

아직 끝나지 않았다!

베드로의 마음에 올라온 일말의 기대가 발길을 돌리게
만들었던 것 같다.

베드로가 대제사장의 집 뜰로 들어가 마당에 피워 놓은
불 곁으로 다가갔다. 유월절 무렵인 이스라엘의 초봄 날씨
는 밤에 불을 피워야 할 정도로 쌀쌀하다.

그곳에는 여러 사람들이 앉아 있었다. 베드로는 사람들 가
운데 앉아 불을 쬐고 안쪽 예수님의 상황을 살피고 있었다.

대제사장의 집의 뜰 한 구석에 몸을 감추고 상황을 주시
한 것이 아니라 불 곁에 사람들 가운데 들어간 것도 예수님
이 이렇게 끝나실 분이 아니라는 마지막 기대가 살아있었
기 때문이었다.

그 때 한 여종이 불빛에 비친 베드로의 얼굴을 보고 주목하여 보고 외쳤다. "이 사람도 그와 함께 있었다"

여종의 고발에 '맞습니다. 나도 예수님과 함께 있었던 사람입니다!'라고 통쾌하게 반응을 했더라면 얼마나 좋았을까 하는 아쉬움이 크다.

그러나 베드로는 그 대답을 하지 못했다. 오히려 베드로는 깜짝 놀라 당황하여 즉각 "여자여 내가 그를 알지 못하노라"(눅22:57)고 부인하였다. 예수님의 제자가 아니라고 부인했다.

베드로의 반응은 우리를 당황하게 만든다.

삼 년 동안 예수님과 함께 하면서 그 많은 기적의 현장을 목격했던 베드로가 아니었는가! 예수님에 대한 믿음은 어디로 갔단 말인가!

예수님이 베드로를 부르시고 훈련을 시켰던 목적이 예수님과 함께 있으라는 것이었는데, 예수님의 제자가 아니라고 극구 부인하는 것이 말이 되는가.

잠시 후 다른 사람이 베드로가 예수님과 한 패거리라고 하였다. 베드로가 다시 한 번 자기는 아니라고 부인하였다.

베드로는 이제 자신의 동료들과 예수님을 따르던 무리들

까지 모른다고 발뺌한 것이다. 예수님뿐만 아니라 자기 동료들조차 모른다고 부인하였다.

어떻게 이렇게까지 망가질 수 있을까 싶을 정도로 어처구니없는 반응을 보였다.

한 시간쯤 있다가 또 한 사람이 갈릴리 억양을 지적하며 베드로가 예수님과 함께 있었다고 말하자 베드로는 예수님을 저주하고 맹세까지 하면서 모른다고 딱 잡아떼었다.

예수님의 제자라는 사실을 밝힐 수 있는 기회가 세 번이나 주어졌으나 베드로는 예수님을 부인했다. '그렇소. 나는 예수님과 함께 있었던 사람입니다. 나는 예수님을 압니다. 나는 그 분의 제자입니다'라고 예수님과의 관계를 인정했더라면 얼마나 좋았을까.

베드로는 그 좋은 기회를 날려버렸다.

베드로가 세 번째 부인하는 말을 아직 하고 있을 때 새벽닭이 울었다. 이 장면에서 닭 울음소리는 큰 의미가 있었다.

하나는, 예수님의 말씀은 그대로 이루어진다는 확증이다.

예수님은 이미 앞서 베드로가 닭 울기 전에 부인할 것을 예고하셨다. 예수님의 말씀을 믿지 않았던 베드로를 닭의 울음소리가 화들짝 놀라게 하고 깨우쳐주었다.

닭이 우는 소리를 듣고서 비로소 예수님의 말씀은 그대로 이루어진다는 깨달음과 찔림이 베드로에게 주어진 것이다.

다른 하나는, 닭 우는 소리는 오직 베드로에게만 의미를 가지는 것이었다.

아마 그 닭은 매일 같은 시간에 울었는지 모른다. 제사장의 뜰에 모여 있던 사람들은 '아니 저놈의 닭은 오늘도 또 우네, 안 우는 날이 없어' 이런 정도로 반응을 했을 것이다. 그들에게 닭 우는 소리는 아무 의미도 없다. 늘 우는 소리에 불과했다.

그러나 그 날 그 시점에 그 닭의 울음소리는 베드로에게 자신의 과오를 깨우쳐주고 예수님의 말씀을 기억나게 만드는 특별한 의미를 가졌다.

닭 우는 소리와 같이 지극히 평범한 일상의 한 현상도 예수님의 말씀이 확인되는 증거가 된다. 예수님과의 관계가 살아있으면 우리 일상의 지극히 평범해 보이고 날마다 일어나는 현상들이 예수님의 말씀이 이루어지는 증거로 보이고 들려지게 된다.

예수님은 처형당하실 장소로 이동하시면서 돌이켜 베드로를 보셨다.

주께서 돌이켜 베드로를 보시니 눅 22:61

예수님은 아무 말씀도 안 하셨다. 예수님과 베드로 사이에 대화를 나눌 수 있는 상황도 아니었다. 거리도 꽤 떨어져 있었던 것 같다.

베드로가 세 번 부인하고 닭이 울었던 바로 그 시점에 예수님이 몸을 돌이키셨고 베드로와 눈과 마주쳤다.

베드로의 말을 육성으로는 들을 수 없었지만, 예수님이 베드로를 보신 것은 베드로가 부인하며 말했던 내용을 모두 알고 계셨다는 뜻을 전달하는 것이다.

예수님은 나다나엘이 홀로 무화과 나무 아래 있을 때 가졌던 생각도 아셨고, 중풍병자에게 죄사함을 선포하셨을 때 바리새인들의 생각도 아셨다. 베드로가 부인할 것도 아셨고 무슨 말로 부인했을지도 모두 알고 계셨던 것이다.

다윗은 입술의 모든 말과 마음의 묵상들까지 주께 열납되기를 원한다고 고백했다. 하나님은 우리의 생각과 말과 행동을 모두 감찰하시고 아시기 때문이다. 예수님은 늘 우리를 보고 계시고 듣고 계신다는 사실을 잊지 않아야 한다.

베드로는 예수님의 말씀이 생각나서 밖으로 나가 심히

통곡하였다. 그것은 회개의 통곡이 아니라 어쩌면 자기 연민의 통곡이 아니었을까 싶다.

이 장면에서 우리는 다시 한 번 베드로가 예수님과 함께 있지 않았다는 것을 확인한다. 예수님이 베드로를 부르신 목적이 주님과 함께 있도록 하는 것이었는데, 베드로는 끝내 주님과 함께 있지 않았다. 자기 입으로 '나는 예수와 함께 있지 않았다'고 항변을 했으니 변명할 여지가 없다.

갈릴리 바다에서 예수님과 함께 있지 못했던 것처럼, 대제사장의 집 뜰에서도 예수님과 함께 있지 못했다.

깊이 잠들어 계셨으나 예수님은 그곳에 계셨던 것처럼, 체포되어 심문을 당하고 처형 위기에 몰린 상황이었으나 예수님은 그곳에 계셨다.

예수님은 그곳에 계셨다

안타깝게도 제자들 모두 몸으로는 예수님을 따라 다녔지만 마음은 예수님과 함께 있지 못했다. 베드로 역시 예수님이 십자가에 못 박혀 돌아가시던 그 순간 그 자리에 없었다. 끝까지 예수님과 함께 있지 못했다.

인류 구원이라는 하나님의 약속과 계획이 성취되는 가장 중요한 순간에 베드로는 그 자리에 있지 않았다.

예수님이 베드로에게 갈릴리 바다의 바람과 파도를 경험하게 하신 것은 성공적인 어부 생활을 준비시키기 위한 것이 아니었다. 바다 한 복판에서 믿음 훈련을 시키신 것은 앞으로 지상에서 폭풍이 몰아치는 것과 같은 상황을 만났을 때 예수님을 믿고 예수님과 함께 있도록 하는 예행연습이었다.

대제사장의 집 뜰에서 사람들이 베드로에게 질문을 던졌다.

이 사람도 그와 함께 있었느니라 눅 22:56

너도 그 도당이라 눅 22:58

이는 갈릴리 사람이니 참으로 그와 함께 있었느니라 눅22:59

이렇게 연속된 질문은 베드로에게 마치 폭풍이 몰아치는 것과 같았을 것이다. 배가 침몰하여 죽게 되었다는 두려움에 사로 잡혔던 것처럼, 그들의 질문은 베드로의 마음에 잡혀 죽을지 모른다는 두려움의 폭풍을 불러 일으켰다.

이러한 실전상황에서 예수님을 믿고 예수님과 함께 있는 삶이 되도록 삼 년 전부터 다양한 훈련을 시켰던 것인데 그 모든 훈련이 수포로 돌아갔다.

베드로가 예수님을 부인했다

이 장면에서 또 한가지 안타까움을 느끼는 부분이 있다.

만일 죽음과 부활에 관한 예수님의 예고를 베드로가 그대로 믿었다면 어떤 일이 일어났을까? 파도가 들이친 배 안에서 예수님을 믿고 끝까지 잠잠히 기다렸다면 어땠을까 하는 아쉬움이 남는 것과 같다.

예수님은 죽음과 부활을 세 차례 반복하여 예고해 주셨다. 세 번째에는 이방인들에게 넘겨져 채찍에 맞고 조롱을 당하고 십자가에 처형될 것이라고 구체적으로 말씀하셨다.

그렇다면 베드로는 예수님의 말씀 그대로 일어난다는 사실을 믿고 잠잠히 바라만 보았어야 했다. 예수님의 말씀 그대로 이루어지는 것을 셀 수 없이 경험했던 베드로는 죽음과 부활에 관한 예고가 어떻게 이루어질지 기대와 믿음으로 동행했어야 했는데 그렇게 하지 못했다.

체포되어 심문을 받고 로마 군인들에게 넘겨져 채찍질에 맞고 조롱을 당하고 결국 십자가에 못 박혀 죽임을 당하는 과정을 지켜보면서 인류 구원의 하나님의 약속이 이루어지는 우주적 사건에 놀라고 환호하고 감격했어야 했다.

하늘의 비밀이 드러나고 하나님의 구원 계획이 드디어 완성되는 승리의 현장이었기 때문이다.

그러나 베드로는 오히려 그 상황에서 자기도 붙잡혀 죽게 될까봐 두려워 예수님을 버리고 도망쳤고 벌벌 떨었다. 자기 목숨을 잃을지 모른다는 두려움의 폭풍에 완전히 압도당하고 말았다.

예수님의 죽음과 부활을 통해 인류 구원의 큰 일을 이루시는 현장에 직접 참여하는 영광을 누릴 수 있는 절호의 기회를 날려버렸다.

이스라엘 독립과 상관없는 부활은 의미없다

예수님이 부활하신 이후도 마찬가지였다.

예수님의 부활 소식을 전한 세 여인의 증언을 믿지 않았다.

사도들은 그들의 말이 허탄한 듯이 들려 믿지 아니하나 눅 24:11

베드로는 무덤에 달려가 예수님이 계시지 않은 것을 보
고 놀랐지만 그렇다고 믿은 것은 아니었다. 막달라 마리아
는 부활하신 예수님을 직접 만났고 천사는 '제자들과 베드
로'를 특별히 지목하여 갈릴리로 가라는 말을 전했지만 그
또한 베드로는 믿지 않았다.

그들은 예수께서 살아나셨다는 것과
마리아에게 보이셨다는 것을 듣고도 믿지
아니하니라 막 16:11

엠마오로 가던 두 제자가 예수님을 만난 후 제자들에게
되돌아가서 예수님의 부활을 알렸지만 "역시 믿지 아니하였
다"(막16:13).

예수님이 부활하셨다는 소식에도 베드로는 여전히 두려
움에 떨고 있었다. "제자들이 유대인들을 두려워하여 모인 곳의
문들을 닫았더니"(요20:19).

베드로는 유대인들에게 발각되어 잡히면 죽임을 당할지

모른다는 두려움에 사로잡혀 있었다. 그런 제자들에게 예수님이 찾아 오셔서 평강을 선포하셨다.

예수께서 오사 가운데 서서 이르시되

너희에게 평강이 있을지어다 요 20:20

예수님은 그들의 믿음 없음을 책망하셨다.

그 후에 열한 제자가 음식 먹을 때에

예수께서 그들에게 나타나사

그들의 믿음 없는 것과 마음이 완악한 것을 꾸짖으시니

이는 자기가 살아난 것을 본 자들의

말을 믿지 아니함일러라 막 16:14

예수님의 책망에 베드로는 쥐구멍이라도 있으면 들어갈 정도로 부끄럽고 창피하고 죄송한 마음이었을 것이다.

그런데도 베드로는 계속 이해할 수 없는 모습을 보였다. 예수님을 만난 후 팔일이 지났을 때 여전히 유대인들이 두려워 모인 곳의 문을 걸어 잠그고 숨어 있었다. 아직 베드로의 마음에 두려움이 사라지지 않았다.

더욱 한심한 사실은 부활하신 예수님을 두 번 만났으면 서도 베드로가 자신의 본업인 어업으로 돌아갔다. "시몬 베 드로가 나는 물고기 잡으러 가노라 하니"(요 21:3).

베드로는 예수님을 통한 이스라엘 독립은 더 이상 실현 불가능하다고 결론을 내렸던 것 같다. 부활하신 이후에도 예수님은 겟세마네 동산에서 체포당하실 때와 같이 이스라 엘 독립에 아무런 관심도 보이지 않으셨기 때문인 것 같다.

베드로에게는 이스라엘의 독립을 위한 것이 아니라면 예 수님의 부활조차 큰 의미가 없었던 것이다.

마침내 베드로는 이스라엘 독립의 꿈을 포기했던 것이다.

그런데 예수님이 세 번째 나타나셨다.

밤새 고기잡이를 했으나 아무 것도 잡지 못하고 날이 새 어갈 무렵 배의 오른편으로 그물을 던져보라는 예수님의 조언에 153마리의 물고기를 잡았다.

예수님의 기적을 다시 체험한 베드로에게 잠시나마 이스 라엘 독립에 대한 기대가 점화되었던 것 같다.

예수님을 대면하는 마지막 장면에서 용기를 내어 이스라 엘 독립에 대한 질문을 던졌다.

주께서 이스라엘 나라를 회복하심이 이 때니이까 행 1:6

예수님의 의중을 물어보는 의미도 있고, 예수님께 이스라엘 독립에 제발 나서달라는 간절한 부탁도 담아 던진 질문이었다.

베드로와 제자들의 관심은 끝까지 이스라엘의 독립뿐이었다. 예수님을 바라보면서 항상 이스라엘 독립을 떠올렸던 것이다.

예수님은 "때와 시기는 아버지께서 자기의 권한에 두셨으니 너희가 알 바 아니다"라고 하셨다. 여전히 이스라엘 독립에 무관심한 태도를 보이셨다. 제자들의 기대에 찬물을 끼얹으셨다.

예수님은 이스라엘의 독립을 위해 오신 것이 아니며 제자들 역시 이스라엘 독립에 관심을 두지 말라는 말씀이었다.

모든 것이 끝났다

예수님이 승천하셨다.

예수님은 그들이 보는 가운데 하늘로 올려져 가셨고 구

름이 예수님을 가리어 보이지 않게 되었다. 이스라엘의 왕으로 등극하셨어야 할 예수님이 이 세상을 버리고 이스라엘의 독립을 거부하시고 영영 작별하셨다!

그들이 보는데 올려져 가시니
구름이 그를 가리어 보이지 않게 하더라 행 1:9

베드로는 예수님이 승천하신 하늘을 쳐다보았다.

예수님이 하늘로 사라지시는 광경은 허망하기 그지없는 일이었다. 예수님의 승천과 함께 이스라엘 독립의 꿈도 함께 승천하고 사라졌다.

베드로는 그렇게 그 곳에 한참동안 우두커니 서서 하늘을 뚫어지게 응시하고 있었다. 어쩌면 베드로는 예수님의 뒷모습 보다는 이스라엘 독립의 꿈이 사라지는 뒷모습을 응시했던 것은 아니었을까?

천사들이 볼 때 그들의 모습이 무척이나 애처롭게 보였던 던 것 같다. 그래서 이런 위로의 말을 전해 주었다.

갈릴리 사람들아

어찌하여 서서 하늘을 쳐다보느냐

너희 가운데서 하늘로 올려지신 이 예수는

하늘로 가심을 본 그대로 오시리라 행 1:11

베드로는 예수님을 잘못 따랐다. 이스라엘 독립이라는 환상을 품고 메시아 예수님을 바라보았고 자신은 이스라엘 독립의 일등공신이 되기를 소망했고 자기 목숨을 기꺼이 바칠 각오도 했었다.

그런데 예수님은 십자가에서 못 박혀 처참한 죽임을 당하셨고, 부활하신 이후에도 이스라엘 독립에 대한 의지나 계획이나 관심조차도 전혀 내비치지 않으셨다.

그래도 마지막 한 가닥 희망을 품고 예수님께 이스라엘 독립에 관한 질문을 드렸던 베드로였다.

예수님은 이스라엘 나라의 회복은 아예 신경조차 쓰지 말라는 야속한 말씀을 남기시고 이 세상을 떠나 하늘로 올라가 버리셨다.

갈릴리 해변에서 예수님을 따라 나섰을 때 품었던 이스라엘 독립에 대한 환상이 산산이 깨져버렸다. 베드로가 예수님을 따라 다녔던 삼 년 동안의 삶과 열정과 노력이 모두 물거품이 되어 버렸다.

예수님을 도와 이스라엘 독립을 이루려고 했던 베드로의 환상이 깨졌다.

베드로의 기대와 소망이 모두 좌절되었다.

모든 것이 끝났다!

Part 2

베드로에게 무슨 일이?

모든 것이 끝난 뒤

예수님이 다시 부르셨다

갈릴리 해변에서 베드로를 처음 부르셨던 예수님은 십자
가를 향해 예루살렘으로 마지막 올라가시는 길에 베드로에
게 다시 한 번 따를 것을 요구하셨다.

예수께서 제자들에게 이르시되
누구든지 나를 따라오려거든 자기를 부인하고
자기 십자가를 지고 나를 따를 것이니라 마 16:24

이미 삼 년 동안 예수님을 따라 다녔던 베드로와 제자들
에게 '누구든지 나를 따라오려거든'이라고 조건적으로 말씀

하셨다. 예수님을 따르기 위한 조건을 새로 제시하신 것이다.

그렇다면 이제까지 예수님을 따른 것은 무엇이었나? 베드로는 예수님을 제대로 따른 것이 아니었다는 말씀이다.

예수님의 십자가 길을 막아서는 베드로의 행동이 있은 후 예수님이 제자로 따르는 것이 무엇을 의미하는지 밝혀 주셨다.

자기 부인과 자기 십자가를 지지 않으면 예수님을 제대로 따를 수 없다는 것이다. 베드로가 보인 행동은 자기 부인이 없고 그 결과로 십자가의 길을 따르지 못하는 것이라는 지적이다.

자기 부인은 이스라엘 독립을 향한 기대와 욕망을 포기해야 한다는 것이고, 자기 십자가를 지는 것은 예수님의 길을 묵묵히 순종하며 함께 동행하는 것을 의미했다.

베드로를 비롯한 모든 제자들이 이제껏 예수님이 원하시고 기대하시는 방식으로 따르고 있지 않다는 경고를 주신 것이었다.

그런데 예수님은 나중에는 베드로가 예수님이 기대하시는 방식으로 따르게 될 것이라고 예고해 주셨다.

내가 가는 곳에 네가 지금은 따라올 수 없으나
후에는 따라오리라 요 13:36

'지금'은 '예수님이 육신으로 계신 동안'을 의미한다. 지금은 예수님을 따르지 못할 것이라고 하셨다. 베드로가 이스라엘 독립이라는 사람의 일에 붙잡혀 있음을 지적하신 것이다.

그러나 후에, 즉 예수님이 이 세상에 계시지 않게 될 때에는 예수님을 따르게 될 것이라고 하셨다.

부활하신 후 세 번째 제자들에게 나타나셨을 때, 예수님은 베드로를 다시 부르셨다. 첫 번째 부르심에 실패했던 베드로에게 다시 한 번 기회를 주셨다. 두 번 반복해서 불러주셨다.

이 말씀을 하시고 베드로에게 이르시되 나를 따르라 요 21:19

너는 나를 따르라 요 21:22

예수님이 준비시켜 주셨다

베드로는 예수님의 제자훈련에 낙제하였다. 그러나 예수님은 베드로에게 큰 권능과 기사와 표적을 계속 보여주셨고 하나님 나라에 관하여 가르쳐주셨다.

부활하신 후에도 하나님 나라에 관한 가르침은 계속되었다.

> 그들에게 확실한 많은 증거로
> 친히 살아 계심을 나타내사 사십 일 동안 그들에게 보이시며
> 하나님 나라의 일을 말씀하시니라 행 1:3

베드로의 거듭된 실패에도 불구하고 예수님이 기적을 보여주시고 가르침을 베풀어주신 이유는 무엇이었을까?

베드로를 준비시켜 주셨다.

예수님이 승천하신 후 이 세상에 보내실 성령님의 역사를 위해 준비시켜 주셨던 것이다.

예수님은 "내가 떠나가는 것이 너희에게 유익이라"고 하셨다. 그 이유는 예수님이 떠나 가셔야 성령님이 오시기 때문이다. 성령님이 오셔서 어떤 일을 하실지 예고해 주셨다.

> 보혜사 곧 아버지께서 내 이름으로 보내실 성령
> 그가 너희에게 모든 것을 가르치고
> 내가 너희에게 말한 모든 것을 생각나게 하리라 요 14:26

성령님이 오시면 예수님이 행하신 기적들과 가르침을 모두 생각나게 하고 그에 담긴 영적인 참된 의미를 깨우쳐 알게 해 주실 것이라고 하셨다.

베드로가 깨닫고 깨어났다

예수님의 말씀대로 그대로 성취되었다.

예수님이 승천하신 후 제자들은 예루살렘으로 돌아와 그들이 머물던 집의 다락방으로 올라갔다. 그리고 더불어 마음을 같이하여 며칠간 기도에 힘쓰는 시간을 가졌다.

마가의 다락방에서 보낸 며칠 동안에 베드로에게 변화가 일어났다.

드디어 자기 부인의 순간이 베드로에게 찾아왔다. 그동안 목숨을 걸고 집착했던 이스라엘 독립이라는 거대한 착각에서 벗어났다. 예수님의 승천과 함께 이스라엘 독립의 꿈도 증발해 버렸기 때문이다.

한편으로는 지나온 격동의 세월이 무참하게 무너져 내리는 아픔과 좌절을 느꼈을 것이다. 그러나 다른 한편으로는 자기의 목표와 열정에 빠져 있던 사람에서 심령이 가난한 자로, 빈 마음의 소유자로, 성령님이 역사하실 수 있는 사람으로 변화되었다.

모든 것이 끝난 뒤 베드로에게 다시 시작할 기회가 주어졌다. 성령님의 가르침이 마가의 다락방에서 시작된 것이다.

삼 년 동안 예수님을 따라 다니면서 보고 들었던 모든 것이 주마등처럼 스쳐 지나갔을 것이다.

성령님께서 예수님의 진짜 정체를 알게 하셨고, 예수님이 행하시고 이루신 일의 의미가 무엇이었는지 모두 깨닫게 해주셨다.

예수님을 따르는 것의 의미는 무엇인지 비로소 깨닫게 해주셨다. 예수님의 제자가 되는 의미가 무엇인지 비로소 깨닫게 해주셨다. 하나님의 일은 무엇인지, 십자가의 길은 무엇인지, 예수님이 죽기까지 순종하신 하나님의 뜻은 무엇인지 비로소 깨닫게 되었다.

철저한 회개의 눈물을 흘렸을 것이고, 예수님의 크신 사랑과 은혜에 감격하여 감사의 눈물도 하염없이 흘러내렸을 것이다.

자기 부인이 깨달음과 깨어남의 출발점이다.

마가의 다락방에서 비로소 하나님께 기도로 나아가기

시작했고 베드로에게 변화가 일어났다!

성령님의 역사는 바람의 움직임과 같이 은밀하나 분명한 증거가 보이게 된다는 예수님의 말씀처럼, 다락방에서 기도하며 보낸 며칠 동안에 일어난 베드로의 변화를 통해 성령님의 역사를 확인하게 된다.

바람이 임의로 불매
네가 그 소리는 들어도 어디서 와서
어디로 가는지 알지 못하나니
성령으로 난 사람도 다 그러하니라 요 3:8

베드로에게 일어난 확연한 변화가 감지된다.

다락방에 모여 있던 무리에게 말한 내용 속에 이전과 전혀 다른 베드로의 모습이 엿보인다. 베드로의 변화의 증거는 그가 한 말에서 확인되고 있다.

성령님이 다윗의 입을 통하여 예언하셨다
유다에 관한 성경의 예언이 응하였다
시편에 기록된 내용이 이루어졌다
우리와 더불어 예수님의 부활을 증언할 사람을 세우도록 하자.

성령님이 가르쳐주시지 않았다면 도저히 할 수 없는 말들이다. 베드로가 예수님의 정체를 알게 되고 예수님이 이 세상에 오신 목적을 깨달았기 때문에 할 수 있는 말들이다.

베드로는 예수님이 열 두 사도를 선발하신 의미도 깨달았다. 그리고 유다를 대신하여 맛디아를 사도로 뽑았다.

오순절에 행한 베드로의 설교를 보라.

1. 하나님의 뜻은 이스라엘의 독립이 아니라 인류 구원이었다

베드로는 요엘 선지자의 예언을 인용하였다. "누구든지 주의 이름을 부르는 자는 구원을 받으리라 하였느니라." 삼 년 동안 이스라엘 독립을 향한 꿈에 사로잡혀 예수님을 따라 다녔던 베드로가 이제는 '이스라엘의 독립'이 아닌 '인류의 구원'이 하나님의 계획이었음을 깨달았다.

2. 예수님은 메시아다

베드로는 예수님이 정치적 메시아로 오신 것이 아니었음을 깨달았다.

이스라엘 사람들아 이 말을 들으라
너희도 아는 바와 같이
하나님께서 나사렛 예수로 큰 권능과 기사와 표적을
너희 가운데서 베푸사
너희 앞에서 그를 증언하셨느니라 행 2:22

한 때 베드로는 예수님이 행하시는 큰 권능과 기사와 표적을 보면서 예수님이 이스라엘의 독립을 쟁취하실 정치적 메시아라는 확신을 가졌고 독립의 꿈을 키웠다. 예수님이 이스라엘의 왕으로 등극하실 것을 굳게 믿었고 예수님이 독립을 이루신 다음에 어떤 영광의 자리를 차지할까 권력 다툼을 벌이기도 했다.

그러나 이제 베드로는 예수님이 행하신 큰 권능과 기사와 표적들이 온 인류 구원을 위해 오신 메시아의 정체를 드러내기 위한 것이었고 하나님께서 예수님의 정체를 증언하셨다고 외치고 있다.

예수님의 정체에 대한 베드로의 시각과 이해가 완전히 달라졌다.

그런즉 이스라엘 온 집은 확실히 알지니
너희가 십자가에 못 박은 이 예수를
하나님이 주와 그리스도가 되게 하셨느니라 하니라 행 2:36

예수님의 정체를 깨달은 베드로는 이스라엘 온 집을 향해 예수님을 메시아로 선포하게 되었다. 이스라엘의 독립을 위한 메시아가 아니라 온 인류 구원을 위한 메시아로 선포하였다.

3. 예수님의 죽음은 하나님의 뜻에 따른 것이었다

예수님이 죽음과 부활을 예고하셨을 때 베드로는 자기 생각에 사로잡혀 십자가의 길을 막아섰다. 십자가 죽음은 불가하다고 예수님을 책망하고 붙들고 만류하는 무례를 범했다. 예수님은 베드로에게 사탄아 물러나라고 호되게 책망하셨다.

베드로는 예수님의 예언 그대로 이루어진 고난과 죽음과 부활의 현장을 보면서도 감격하지 못했고 오히려 좌절 속으로 빠져 들어갔다.

그랬던 그가 이렇게 선포하였다.

예수님이 하나님께서 정하신 뜻과
미리 아신 대로 내준 바 되었거늘
너희가 법 없는 자들의 손을 빌려 못 박아 죽였으나 행 2:23

하나님께서 정하신 뜻과 미리 아신 대로 내준 바 되었다고 선언하였다! 베드로의 선포는 그야말로 경천동지할 대사건이 아닐 수 없다!

4. 예수님이 부활하셨다

베드로는 예수님의 부활을 믿지 못했었다. 예수님이 직접 부활하신다고 말씀하셨고 예수님의 부활을 목격한 여러 사람들의 증언이 있었음에도 불구하고 부활을 의심했다. 유대인들에 대한 두려움으로 집 안의 모든 문을 걸어 잠그고 잡혀 죽을까봐 벌벌 떨었었다.

그랬던 베드로가 예루살렘 주민들과 순례자들이 모여 있는 공공장소인 솔로몬 행각에서 공개적으로 예수님의 부활을 선포하였다.

하나님께서 예수를 사망의 고통에서 풀어 살리셨으니
이는 그가 사망에 매여 있을 수 없었음이라 행 2:24

이 예수를 하나님이 살리신지라
우리가 다 이 일에 증인이로다 행 2:32

베드로가 두려워하지 않았다

베드로가 입을 열었다.

예수님을 깨닫고 깨어난 것도 놀라운 변화이지만 죽음 앞에서도 전혀 두려워하지 않고 공개적으로 예수님을 증언하는 사람으로 변화된 것은 참으로 놀라운 일이 아닐 수 없다.

오순절날 성령님이 임하시고 성령의 충만함을 받은 후 베드로의 담대한 행전이 시작되었다.

그들이 다 성령의 충만함을 받고
성령이 말하게 하심을 따라
다른 언어들로 말하기를 시작하니라 행 2:4

제자들이 모두 유럽과 소아시아 전역의 난 곳 방언으로

예수님의 부활을 선포하기 시작하였다.

사람들은 제자들이 새 술을 마시고 취했다고 비난했다.

베드로가 열 한 제자와 분연히 일어섰다. 그리고 소리를 높여 외쳤다. "유대인들과 예루살렘에 사는 모든 사람들아 내 말에 귀를 기울이라."

유대인들아!

여기의 유대인들은 전 세계 각 지역에서 예루살렘에 들어온 유대인들을 말한다. 외지로부터 예루살렘을 방문하는 유대인들은 늘 있었다.

예루살렘에 사는 모든 사람들아!

예루살렘의 거주자 모두를 향한 외침이다. 민초들뿐만 아니라 대제사장들을 포함하여 권력을 쥐고 있던 모든 사람들을 향해 외쳤다. 베드로는 예수님을 십자가에 못박으라고 소리질렀던 사람들을 염두에 두고 외치지 않았을까 싶다.

베드로의 담대한 모습은 솔로몬 행각에서도 확인된다.

날 때부터 걷지 못하던 사람을 나사렛 예수 이름으로 일어나 걸으라 명하자 치유의 기적이 일어났다. 무리 가운데 소동이 일어났다. 모든 백성이 크게 놀라고 솔로몬 행각에 모여들었다. 이때 베드로가 수많은 군중을 향해 담대하게 예수님을 선포하였다.

베드로의 변화가 참으로 기이하고 경이할 뿐이다.

베드로가 누구였는가? 자기 정체가 들통나 잡혀 죽을까봐 겁에 질려 예수님을 부인하고 저주했던 사람이 아니었던가! 죽음에 대한 두려움으로 예수님을 세 번 부인했던 모습은 전혀 찾아볼 수 없다.

그랬던 사람이 천하 각국에서 온 유대인들과 예루살렘의 모든 주민을 향해 소리 높여 예수님을 증거하는 사람으로 변하였다. 죽음을 무릅쓰고 예루살렘의 공공장소에서 수많은 군중 앞에서 예수님의 부활을 증언하는 기상천외한 일이 일어났다.

성령님이 임하시면 이러한 변화가 일어난다. 우리 자신의 결심과 노력만으로 되지 않는다. 성령님이 오시면 우리에게 변화가 일어난다.

베드로와 같이 철저한 자기 부인의 과정을 거쳐 자신의 목표와 열정을 비우는 일이 선행되어야 성령님의 역사가 일어나게 된다.

그러한 자기 부인의 체험을 바탕으로 성령님이 우리의 생각을 바꾸시고 우리의 감정을 바꾸시고 우리를 전혀 다른 사람으로 만들어 주신다.

성령님이 그 일을 하시려고 이 세상에 오셨다.

예수님께 목숨을 걸다

기적을 행하다

베드로는 매일 오후 세 시에 성전에 올라가 규칙적으로 기도했다. 어느 날 성전에 올라갈 때 나면서 못 걷게 된 사람을 보았다. 미문美門 이라는 성전 문에서 지나가는 사람들에게 구걸하는 비천한 자였다.

베드로가 그에게 "우리를 보라"고 말한다. 그 걸인에게 "우리를 보라"고 먼저 말한 것을 보면 그 걸인조차 베드로와 요한의 행색이 초라하여 동냥을 얻을 위인들이 못된다고 생각하고 쳐다보지도 않았던 것 같다.

수십 년 구걸 경력이 있어 지나다니는 사람 얼굴과 행색만 보아도 돈이 있는지 없는지, 돈을 줄 사람인지 아닌지 알아맞히는데 도가 튼 사람이었을 것이다.

그래서 베드로도 '은과 금은 내게 없다'고 하여 동냥해 줄 가능이 없음을 먼저 말해주었다.

> 은과 금은 내게 없거니와
> 내게 있는 이것을 네게 주노니
> 나사렛 예수 그리스도의 이름으로 일어나 걸으라 행 3:6

이 말을 한 후 베드로가 오른손을 잡아 일으키니 발과 발목이 곧 힘을 얻고 일어나 걸으며 뛰기도 하였다. 베드로의 말이 그대로 현실이 되었다. 베드로의 말에 능력이 나타났다.

이제 베드로가 예수님의 사역을 이어가고 있다. 한 때 어부였던 베드로가 나사렛 예수 그리스도의 이름으로, 하늘과 땅의 권세를 가지고 치유를 선포하는 사람으로 변했다.

온 백성이 베드로가 행한 기적을 보고 심히 놀랐다.

죽음도 두렵지 않다

베드로가 예루살렘 공회에 잡혀 들어왔다.

그 장소는 대제사장의 거처였는데 공교롭게도 예수님을

세 번 부인했던 바로 그 장소였다.

대제사장 집에서 잡혀죽을 것이 두려워 예수님을 딱 잘라 부인했던 베드로가 이제 대제사장들과 관리들과 장로들과 서기관들 모두 모여 있는 곳에 심문을 받기 위해 끌려왔다.

베드로의 모습은 예수님을 부인했을 때와 전혀 달랐다. 베드로는 전혀 위축되지 않았다. 죽음조차 두려워하지 않았다.

대제사장의 문중까지 모였고 예루살렘의 실세들이 모두 모였다. 베드로는 지금 그들 가운데 서 있다.

다리가 후들후들 거려야 정상이다. 그야말로 살 떨리는 장면이다. 이제는 죽임 당할 것이 확실하다. 그런데 죽음을 앞에 둔 사람이라 할 수 없을 정도로 베드로는 두려워하는 기색을 조금도 보이지 않았다.

이전의 베드로였으면 그냥 정신이 혼미해지고 '이제 나는 죽는구나!'하고 한탄했을지 모른다. 그런데 베드로는 목숨을 부지하기 위해 자신을 위한 변론을 한다거나 또는 선처를 호소하는 모습을 전혀 보이지 않았다.

그 장소는 예루살렘 공회였다. 베드로가 재판을 받는 것이다. 그런데 심문을 당하는 입장에 있는 베드로가 오히려 공회원들을 심문하고 그들의 재판장 역할을 하고 있다.

베드로는 자기를 둘러싸고 있는 예루살렘의 모든 실권자들을 향하여 선포하였다. "너희와 모든 이스라엘 사람들은 알지어다!"

누가 누구를 심문하고 있는 것인지 의아하게 만든다. 베드로의 달라진 모습이 우리를 놀라게 만든다.

성령님의 말을 하다

베드로는 자기 말이 아닌 성령님의 말을 하였다. 예수님이 예고하신 말씀이 그대로 이루어졌다.

> 사람들이 너희를 끌어다가 넘겨 줄 때에
> 무슨 말을 할까 미리 염려하지 말고
> 무엇이든지 그 때에 너희에게 주시는 그 말을 하라
> 말하는 이는 너희가 아니요 성령이시니라 막 13:11

베드로는 성령님의 말을 선포했다. 심문을 받는 자리, 생사가 결정될지 모르는 살벌한 재판정에서 무슨 말을 해야 할지 고민한 흔적이 전혀 보이지 않는다.

베드로는 전날 체포되어 구금당했다. 다음 날 산헤드린 공회의 실권자들 앞에서 무슨 말로 변론할지 밤새 할 말을 준비한 것이 아니다. 베드로는 속편하게 밤을 보냈다. 성령님께서 주시는 말씀을 전하겠다고 편하게 생각했던 것 같다.

베드로가 성령이 충만하여 이르되 행4:8

성령님께서 할 말을 주셨다. 베드로 자신의 생각이 아니고, 고심하여 준비한 말도 아니었다. 예수 그리스도의 노예로 주님을 대신하여 선포하였다. 그곳에 서게 하신 예수님의 계획과 명령에 순종하였다.

성령님의 말을 하는 사람은 자기를 부인하고 예수님을 따라가는 사람이다. 베드로는 실제상황에서 자기를 부인하고 자기 십자가를 지고 진짜 예수님을 따라가는 사람이 되었다.

폭풍이 거칠게 이는 바다 위에 있을 때나 대제사장의 집 뜰에 있을 때 베드로는 스스로 상황을 분석하고 판단했다. 그리고 자기의 마음에 올라오는 두려움으로 부들부들 떨었고 살려달라고 소리쳤다.

그러나 지금 예루살렘 공회에서 심문을 받는 상황에서

베드로는 평온하기 그지없는 모습을 보이고 있다.

죽음을 앞둔 상황에서 조차도 성령님이 주시는 말을 하는 모습은 자기 부인이 철저히 이루어진 진정한 제자의 모습이다.

예수님의 증인이 되다

예루살렘 공회에서 베드로가 네 가지를 선포하였다.

첫째로, 나사렛 예수 그리스도의 이름으로 치유되었다

성전 미문에 앉아 있던 병자는 나사렛 예수 그리스도의 이름으로 치유되었다고 선언했다.

베드로는 그 심문 자리에서 예수님의 권위와 정체와 능력과 이름을 선포하였다. 자기 자신의 목숨을 구걸하는 일에는 아무런 관심도 보이지 않았다. 오직 예수님을 증언할 뿐이었다. 베드로는 예수님만 생각하고 있었다.

이 말 속에는 예수님이 그리스도였다는 놀라운 선언이 들어있다. 예수님이 메시아라는 것이다. '너희가 죽인 예수가 온 이스라엘이 기다린 메시아였다'고 선포한 것이다.

둘째로, 너희가 죽인 예수를 하나님이 살리셨다

하나님이 예수님을 살리신 것이면 예수님을 죽인 사람들은 하나님을 대적한 결과가 된다. 베드로는 그들이 하나님을 대적한 살인자들이라고 선포한 것이다.

너희가 하나님을 죽였다!

어떻게 이런 내용을 감히 선포할 수 있는가. 성령님이 주신 말씀을 그대로 전하는 역할을 한 것이지만 아마 베드로에게 이런 마음이 올라오지 않았을까 싶다.

성령님, 이 말은 너무 쎈 것 아닌가요?
저보고 이 말을 하라고 하시면 어떡합니까
저는 이 말이 끝나면 곧 형장의 이슬로 사라질 것 같습니다

보통 사람이라면 이런 생각을 충분히 했을 것 같다. 하지만 베드로는 거침없이 입술에 두신 말씀을 가감하지 않고 직격탄으로 전달했다.

누구라도 그 현장에 있었다면 살 떨리는 느낌을 받았을 것 같다. 베드로의 그 기개, 표정, 담대함이 전체를 압도하는 그 현장의 분위기에 깜짝 놀라지 않을 수 없었을 것이다.

셋째로, 너희는 예수님을 버렸으나 하나님이 머릿돌로 사용하셨다

하나님께서 유대 지도자들을 버렸다는 것이다. 그들이 예수를 버린 것이 아니라 하나님께서 그들을 버렸다는 선언이다! 이것도 살 떨리는 이야기가 아닐 수 없다.

그 해의 대제사장 가야바가 있고, 소위 증경 대제사장인 안나스도 참석하였고, 대제사장의 문중이 다 모여 있고, 바리새인들과 서기관들 및 백성의 장로들이 모두 모여 있는 자리에서 '너희가 하나님의 버림을 받은 자들이다'라고 선포했다.

넷째로, 너희도 예수를 믿어야 한다

마지막 말은 더 심한 말이다.

다른 이로써는 구원을 받을 수 없나니
천하 사람 중에 구원을 받을 만한 다른 이름을
우리에게 주신 일이 없음이라 행 4:12

119

이 말의 의미는 '그러니까 너희도 예수를 믿어야 한다'는 것이다. 그 이면에는 '유대교 안에는 구원이 없다'는 선언이기도 하다.

만약 이 장면을 드라마로 연출한다면 그 다음의 말은 '나를 죽이시오!' 이런 내용이 될 듯싶다.

베드로의 담대함과 기상이 하늘을 찌른다. 그 현장에 있었던 모든 사람들의 간담을 서늘하게 만드는 그런 말이 아닐 수 없다.

이 달라진 베드로의 모습은 예수님과 함께 이 땅을 살아가는 사람의 모범이다.

예수님께서 떠나가신 후 오히려 베드로는 예수님과 함께 있는 사람이 되었다!

예수님이 승천하시기 직전에 제자들에게 예루살렘을 떠나지 말고 아버지께서 약속하신 성령을 기다리라고 명하셨다. 그리고 마지막 사역 명령을 주셨다.

오직 성령이 너희에게 임하시면
너희가 권능을 받고
예루살렘과 온 유대와 사마리아와 땅 끝까지 이르러
내 증인이 되리라 행1:8

베드로는 예수님의 명령에 순종하여 예루살렘에서 예수님을 증언하였다. 예수님이 분부하신 그대로 순종하여 예루살렘에서 모든 권력자들이 총집결해 있는 그 자리에서 예수님을 증언하였다.

예루살렘의 한복판, 그것도 대제사장의 집에서 생사를 걸고 심문을 당하는 그 자리에서 유대교 지도자들에게 예수님의 부활을 증언했다. 예수님의 십자가 군병으로 적을 향해서 성령의 검, 하나님의 말씀을 던졌다. 적의 심장을 찌르는 일을 한 것이다.

베드로는 사탄을 떨게 만들었고, 유대교 지도자들이 두려워하는 사람이 되었다.

감옥에서 잠을 자다

헤롯 왕이 요한의 형제 야고보를 살해하고 베드로도 잡아 옥에 가두었다. 예루살렘 교회를 중심으로 불같이 일어나고 있는 초대교회 공동체를 와해시키려고 생각했던 것 같다.

예루살렘 교회에 절체절명의 순간이 다가왔다. 헤롯은 군인들로 하여금 베드로의 처형을 실수 없이 준비하도록 했다.

베드로를 처형하기 전날 밤에 베드로가 두 군인 틈에서 쇠사슬에 매여 있었다. 감옥 바깥에서는 군인들이 보초를 서고, 감옥 안에서는 베드로의 양 옆에 군인들이 베드로와 함께 쇠사슬로 묶어 탈옥하지 못하도록 철통같이 지키고 있었다.

이렇게까지 심하게 지켰던 것을 보면 헤롯도 예수님의 부활 소문과 베드로의 당당한 모습에 뭔가 심상치 않은 부분이 있음을 감지했고 불편하게 생각했던 것으로 짐작된다.

날이 새면 베드로는 형장의 이슬로 사라지게 된다.

그런데 베드로는 누워서 잠을 잤다. 쇠사슬에 매여 쭈그리고 앉아서 쪽잠을 잔 것이 아니다. 누워서 잤다.

신발도 벗고, 띠를 풀어 놓고, 겉옷을 벗고 잠을 청했다. 마치 호텔 방에 들어간 사람처럼 편하게 잠잘 준비를 한 것 같은 인상을 준다. 그리고 도저히 잠을 잘 수 없을 것 같은 상황에서 깊은 잠에 빠졌다.

죽음을 앞 둔 사람이 어떻게 이렇게 태연자약할 수 있는가.

성령님을 체험한 이후에 베드로의 변화된 모습이 너무도 기이할 뿐이다. 어떻게 그런 상황에서 겉옷을 벗어 걸고 두 다리를 뻗고 잠을 잘 수 있었을까.

그 때에 홀연히 천사가 등장한다. 감옥 안에 광채가 났다. 베드로 양 옆에 있는 군인들은 잠들어 있었다. 잠을 자면 안 되는 군인들이 잠에 빠진 것은 그 시각이 잠을 잘 수밖에 없는 깊은 밤이었기 때문이다.

천사가 베드로의 옆구리를 발로 차서 깨웠다. 아마도 급소 부분을 강하게 걷어 찬 것 같다. 깨지 않을 수 없도록 심하게 차야 했을 정도로 베드로는 정말 깊이 잠들어 있었다.

천사가 세 가지를 말했다. "급히 일어나라", "띠를 띠고 신을 신으라", "겉옷을 입고 따라오라" 천사가 볼 때에도 베드로가 세상 태평하게 잠에 빠져 있는 모습이 어이가 없었을 것 같다.

감옥에서 빠져나온 후 천사는 떠나갔고, 베드로는 마가라 하는 요한의 어머니 마리아의 집으로 갔다.

베드로의 출옥을 위해 밤새 기도를 하던 제자들은 베드로가 나온 것을 보고 놀랐다. 베드로의 구출을 위해 기도했으면서도 그런 일이 실제로 일어나리라는 기대는 하지 못했던 듯 싶다. 그만큼 베드로의 죽음은 확실한 일로 생각되었다.

베드로는 주께서 자기를 이끌어 옥에서 나오게 하신 자

초지종을 말하고 야고보와 형제들에게 탈옥 소식을 전하라 부탁한 후 성령님의 인도를 따라 예수님과 함께 하는 알 수 없는 행선지를 향해 떠나갔다.

이것이 성경에 기록된 베드로의 마지막 뒷모습이다.

에필로그

베드로는 삼 년 동안 예수님을 따르지 못했습니다.

그 이유는 베드로에게 이스라엘 독립이라는 자신의 목표가 있었기 때문입니다.

베드로는 이스라엘 독립을 위해 예수님을 따랐을 뿐이고 예수님의 십자가 길을 따른 것이 아니었습니다.

예수님의 십자가 죽음은 베드로가 품었던 모든 환상을 깨뜨렸습니다. 베드로의 삶의 목표가 무너졌습니다. 베드로에게 모든 것이 끝나 버렸습니다.

좌절감과 허탈함으로 주저 앉아 있던 베드로에게 예수님이 다시 찾아오셨습니다.

그리고 베드로를 부르셨습니다. 베드로의 눈에 덮혀 있던 비늘이 벗겨지고 새로운 세상이 열렸습니다. 자기를 부인하게 되었고 예수님의 십자가 길을 볼 수 있게 되었습니다. 예수님을 따라갈 수 있는 사람이 되었습니다. 예수님의 마음에 합한 사람이 되었습니다. 성령으로 다시 태어났습니다. 사람의 일을 버리고 하나님의 일을 감당하는 사람으로 새로워졌습니다.

제자들의 대표인 베드로의 실패와 좌절과 배신 이야기를 성경에 적나라하게 기록하게 하신 이유가 있습니다. 베드로에게 창피를 주려는 것이 아닙니다. 오늘 우리도 베드로의 실패를 반복할 수 있다는 경고입니다. 베드로의 모습을 우리의 반면교사로 삼으라는 것입니다.

우리의 눈에서도 비늘이 벗겨져야 예수님의 길을 볼 수 있습니다.

우리가 세운 계획과 추구하는 목표를 내려 놓아야 예수님이 인도하시는 길로 따라갈 수 있습니다. 성령님이 믿음의 사람으로 변화되도록 하십니다.

자기를 부인하고 자기 십자가를 지고 예수님을 따라 가는 성도들에게 하나님의 능력이 나타납니다. 예수님의 노예로 살아가는 긍지와 자부심과 영광이 주어집니다.

초대교회와 같은 성령의 역사가 오늘 우리 가운데 일어날 수 있습니다.

베드로에게 일어난 변화가 오늘 모든 성도들에게도 일어나기를 소망합니다.

베드로에게 무슨 일이?

모든 것이 끝난 뒤

초판1쇄 2021년 8월

지은이	이문장
발행인	백성주
편집인	남은경
기획홍보	박수경 · 전세진 · 조인애
마케팅	정성엽 · 최명옥
북디자인	김진형
일러스트	손진

발행처	도서출판 작은소리
등록번호	736-92-00462 제2017-000002호
주소	경기도 구리시 한다리길 49
전화	031 550 5500
팩스	031 552 8017
메일	asmallvoice@naver.com

ISBN	ISBN 979-11-960374-5-1
	ISBN 979-11-960374-4-4 (세트)